古事記は神からの
隠された暗号だった！

ムー帝国が日本人に伝えた謎を解く

光明
Komei

ビジネス社

プロローグ

「マユミ！　あなた神様になったつもり？」

いきなり、エリからマユミは言われてしまった。ただ、真実を伝えようとエミに向かって懸命になって話していただけなのに……。

中村マユミは温暖・風光明媚な神奈川県三浦半島出身で、おとなしくてまじめな二〇代後半の独身女性です。亜麻色のロングヘアがとても似合い、ちょうど雪のような白い肌にマッチしています。その彫りの深い顔立ちは横須賀に多くいるハーフに間違われやすいのですが、たぶん、それはマユミの母親が雪深い秋田出身と関係があるようで、ちょっと憂いを秘めている女性ように見えます。

高校も地元の女子高に行き、その後、東京の私立大学へと進学して、同級生で同じ英会話クラブにいた坂下エリとなぜか気の合う仲になっていたのです。

エリは反対にざっくばらんで、黒いショートヘアがとても似合う女性です。おとなしく人見知りなマユミとは対照的に、エリは大学時代から常にみんなの中心的存在で、サバサバした性格で皆から愛されていました。

マユミは英会話クラブに入った当初もなかなか周りとなじめず、男女かまわずすぐに仲良くなってしまうエリがうらやましく思うこともしばしばでした。

ひょんなことから二人は仲良くなり、現在同じ東京の荒川区に住んでいることもあって、大学を卒業後も二人はしょっちゅう近所のファミレスでお互いの近況を報告しあったり、大学時代の話に花を咲かせたりするようになったのです。

二人は大学卒業後それぞれの道を進み、エリは大手企業に就職して間もなく結婚、すでに子供がいて、保育園に通っています。マユミは派遣社員としていろいろな仕事を経験するうち、長い期間一緒に仕事をした平田ナミとの出会いがきっかけで、精神世界やスピリチュアルなことに興味を持ち始めます。

現実的な思考のエリにはスピリチュアルな話があまりピンとこないようで、マユミは少しもどかしくもありましたが、二人のときにはいわゆる〝ガールズトーク〟で盛り上がるのでした。


平田ナミは東京都杉並区在住の二三歳の明るく能天気な女性です。現在は緊急メッセージの本を世に出すと言って周りに呼びかけていて、当然マユミも集まりに呼ばれたのです。


「待ってました！」とばかりにマユミがミーティング場所のファミレスに駆けつけると、そこには、平日の朝九時だというのに、もうすでに二〇人を超える世代も年齢もばらばらの人々が集まっていました。

そしてその人々の中心に、ナミが騒いでいる緊急メッセージの本作りのきっかけとなった、光明氏が座っていたのでした。

物静かな口調で光明氏が語り始めました（光明氏は對州流手相占い観士、六輪光神霊師及び對州流「不動明王」伝道士として約一万人以上の人々の相談に応じ、霊視を行っている)。
※光明氏は、生まれつき霊感を持っており、小さな頃から浮遊霊、自縛霊および死んだ前後の霊が見えていました。しかし小さい頃は、パワーが少ないため幽霊を避けることもしばしばありました。
霊とのコンタクト要領を得てからは自由自在に霊と交信、時々霊界へと出入り可能となったようです。今現在では、五次元の図書館(いわゆるアカシック・レコードみたいなところ)あるいは一一次元の大天使界へも訪問することが許されているみたいです。ただし、一二次元は神の領域であるため遠くから眺めているのが精一杯なのです。※97ページ参照。


「これから大激動期が始まります。

たぶん、夏に東海、東南海、南海に大地震が来ます。

それに伴って富士山が噴火します。

さらには東京湾直下型の地震が来ます……」

「嘘っ!!!」

マユミは思わず叫んでしまいました。ナミはわかるよ、といった表情でマユミを見つめています。

続けて光明氏が淡々とした口調で、「地震は必ず起きます。起こることが必要だからです。三・一一の東北の大地震で気付きが起こりました。しかしほとんどの人の意識が元に戻ってしまいました。そのため今回はかなり厳しいことが起こります。ソフトランディングではなく、ハードランディングとなって気付かされるのです。エネルギーは出すことが必要なので地震は起こりますが、パワーを分散させることはできます。人々の意識が向上すれば、被害は抑えることができます」

マユミは衝撃を隠せませんでした。たしかにテレビなどでも東京湾直下型地震のシミュレーションなどもやっていて、地震が来るような気はしていました。

特に二〇一二年の元旦の地震は、何か今年の大きな地震を暗示しているようでもありました。しかし光明氏から聞いた被害者の数は、テレビの予想などとはケタ違いだったのです。光明氏を囲むミーティングは夜九時頃まで続き、参加者からの質問は次から次へといつまでも止まりませんでした。


人見知りのはずのマユミでしたが、いろいろなメンバーとすぐに打ち解け、初めて会ったとは思えないほど深い心のつながりを感じたのです。

(こんな人たちが増えたら日本は変わるかも知れない。私にできることは……?)

帰り道を急ぎながら、マユミは真剣な表情でナミに言いました。

「すごく衝撃的だったけど、本当にナミが呼んでくれて良かった。このことを知って私にできることって何があるのかな?」

ナミはとびっきりの笑顔で、

「愛と調和と感謝、そして笑い! マユミはもっと笑ったほうが可愛いんだから♪ あと大切なことは周りに伝えること! 信じる信じないは本人の問題だけどね。もちろん一番大切なのは素直に神様を信じることだよ♪」

「本当にナミは能天気でうらやましいやぁ。でもそうだね。それが一番大事かも知れない♪」

マユミは少し心が軽くなって「ニコッ」と可愛い笑顔を見せました。


(まず誰に伝えよう……)

マユミはまじめに考えすぎるいつものくせで、なかなか誰にも打ち明けられずにいました。

親に言ったら何て言われるかな？　妹に言ったら……考えれば考えるほど言い出せなくなっていました。

(そうだ！　エリはどんな反応するかな？　エリは賢いからみんなにうまく伝えてくれそうだし……)

そしてそのエリから返って来た言葉が、「マユミ！　あなた神様になったつもり？」だったのです。

(ただ、真実を伝えようとエミに向かって懸命になって話していただけなのに……)。マユミは言葉が出ませんでした。

でもナミが言ったことを思い出しました。たしかに光明氏も言っていました。

「伝えることが大切。信じる信じないは本人次第」

それを思い出したら心がスッキリして、

「まぁ、信じられなかったら信じなくてもいいよ♪」

と、とびっきりの笑顔でエリに言いました。

めったに見ない、マユミの満面の笑顔を見たエリのほうがキョトンとしています。

マユミは何だかふっ切れたように心が軽やかになって、

「私の役割見~つけた♪」

と早速、ケンカは多いけれど仲の良い妹に電話をかけたのでした。

なんだか、マユミにメッセンジャーの第一〇次元におられる大天使ウリエル（アリエル）がまるで守護神のように笑って一緒にいるような雰囲気なのです。


「ワクワク・ドキドキ」が天命の鍵だと光明氏は言います。

「今の時代に日本に生まれたことに、どんな意味があるのだろう?」

と考えたことがある人が日本中でどのくらいいるのでしょうか?

この本を手に取ってくださった方は、意識の高い方だと感じますので、そのような意識を持って日々過ごされていることと思います。しかしながら大多数の日本人は、本来高いはずの霊性を眠らせたままです。

私たちBWエンジェルグループ（光の天使と闇の天使）は出版などさまざまなかたちで日本中の皆さんに本来の意識に目覚めていただくため、活動をしています。

これから日本の素晴らしさを皆さんに気付いていただけるよう、いろいろな視点から日本を探ってみようと思います。

それでは、いまだかつて語られたことのない日本の真実の物語をじっくりお楽しみください。

光明によるまえがき

さて、私光明にとって気になる歴史的なものがいくつかあります。そのうちのひとつが縄文時代にあった「縄文式土器」についてなのです。

ユーラシア大陸の東端に位置する現在のロシア領の沿海州からステップ（草原地帯）づたいに「草原の道」と呼ばれているものがありました。沿海州からユーラシア大陸を東西に横切って現在のドイツ・ニーダーザクセン州の北海沿岸地域まで続いているのです。

ちょうどこの南に位置する砂漠沿いの「絹の道（シルクロード）」と、もっと南側にある「海の道」と並んで東西交易経路があったのです。今の歴史教育では何も意味がないようになっているらしいのですが、結構大切な交易路であり、古代から人々の意識から消えることはない、……というか消えるものでは決してないのでした。

この「草原の道」は、そのまま騎馬民族の経路ともいうべきものです。しかし、その周辺地域はそれに含まれてはいません。

そしてとても面白いことに、この「草原の道」において必ず三点セットになっているものがあります。まず最初に「縄文土器」です。ここで間違ってはいけないことは、なぜか日本では「縄文式土器」なのです。

そしてそこには、この縄文土器と同じように、古墳（竪穴式）がしっかりと存在していたのです。

あわせて「三種の神器」「三貴神・三位一体なる神」をもっていました。それに付随してストーンサークルらしきもの、三角山またはピラミッド風建築物、岩刻文字（ペトログラフ）などが関連しています。これらは主として謎の「スキタイ」民族が活躍していた場所と重複します。

このスキタイ民族は「白色人種」そのものとして有名であり、ゲルマン民族・スラブ民族・バルト民族ならびにアーリア（インド・ペルシャ）人種の直接の祖先として欧米の学会において認められています。

また、この「スキタイ」という民族の名前は最初隣にいたギリシャ人——スキタイ人の一部として歴史に登場しています——がつけたものであり、スキタイ人自身の自称は「シカshca」なのです。これは部族のシンボルが狩猟の対象物としての「鹿《シカ》」であるため、このように名乗っています。

中央アジアのウイグル～パミール高原地域において巨大な集団部族として存在し、その後、集団部族が分裂し「東」へ戻ったのが「キタイ人」または「匈奴」と呼ばれています。「南および南西」へ進んだのが「サカ族」または「シャカ族」と呼ばれています。母集団は「西」へと進み、カスピ海～黒海周辺に定住したのが「サルマタイ人」や「スキタイ人」と呼ばれています。当然、アーリア系のメディア・ペルシャ人や北インド人との混血はかなり密接なものがあります。この中のキーワード的なものは「ＳＣ」であることがわかると思います。

本当のことをいいますと、もうひとつ面白い傾向があるのです。それは、古い民族ほど日本人と同様に言語周波数が低いのです。つまりは、日本語（日本人）、ドイツ語（ゲルマン民族、特にザクセン人）、ロシア語（東スラブ人）はすべて「言語周波数が一二五ヘルツよりスタート」となっているのです。たぶん世界中にはまだまだ同様の民族が存在していると思います。

では「草原の道」以外に「縄文土器」は存在しないかというと嘘になります。インドのデカン高原地帯、メソポタミア地域一帯、そして面白いことに中南米のプレインカ文明の地域にあります。特に、中南米は縄文中期における西日本の縄文式土器とほぼ同じものとなっているのです。

そして、先ほどのスキタイ民族と同様にこの文化地帯には「三種の神器」と「三位一体の神または三貴神（子）」が存在しているのです。

●中国における漢民族と苗族の「三皇（伏儀・神農・黄帝）」

ちなみに歴史における漢民族の正体・出自は胡（西域）人でありアーリア（主としてメディア）人なのです。ただし「漢」という中国古代の王国が崩壊したあと――つまり現在の漢民族は、シベリアのツングース系が大量に流入して混血化しているのが特色になります。

・キリスト教化以前のゲルマンの「エルシナズ（日本のアマテラスノオオミカミ）・イングワズ（オーディンそして日本のスサノオノミコト）・イストラズ（日本のツキヨミノミコト）三神」
・スラブの「スバーローグ・ペルーン・ダジボーグ三神」
・バルトの「ユウコ・ディエバス・ゼメスマーテ三神」
・ケルトの「トータティス・タランス・エスス三神」
・ギリシャ・ローマの「ジュピター・ユノー・ミネルバ三神」などがあります。

また、古代のエジプトにおいてもホルス（アモン・ラー、日本のアマテラス）、オシリス（日本のツキヨミ）、セット（日本のスサノオ）がいます。

蛇足的ながら『旧約聖書』においてもアダムとイブの三人（カイン、アベル、セツ）の子供とか、ノアの三人（長男セム〈黄色人種の祖〉、次男ハム〈黒色人種の祖〉、三男ヤペテ〈白色人種の祖〉）の子供とかが有名です。このことから、現代における白人優位主義の中で「真実の歴史」の何かが隠されているように思えてしかたがありません。これから、その正しき姿をB＆Wエンゼルグループの皆さんとともに解き明かしていきたいと思います。

目　次

第一章　宇宙・国創りおよび二神と三貴子（神）

現在の日本においては、海外旅行がとても一般化しており、外国へ行っていろいろな外人の人たちと語り合う機会を持つ方が多くなっています。簡単な日常会話や買い物や取引の話以外にも、リラックスしてお互いの文化や歴史について話をする機会が増えていると思います。

そういう場面において、日本の文化や歴史などについて話をしていくことが多々あるように思いますし、また、外国の歴史や文化についても直接触れたりして理解を深めるとともに、それぞれ語り合うことが多いはずです。

一例を挙げますと世界には多くの国々が存在し、その中でも古い国においては王様や女王様などを国の元首としていただいているところが多くあります。今現在でも西洋諸国などに結構見られる状況です。これらの国々では単に地域や歴史としての「国」という概念のほかに、最も重要視され、国家や民族の正当性を代表しているものが「王朝」(ダイナシティ)なのです。

この国家や民族性というものは、おおむね「地域」に限定されることになります。特に歴史や文化的なものにおいて明確化されることになるかと思います。そこでは民族自体の「価値観」や「死生観」「自然観」などの極めて重要なものが定義されているのです。

そしてさらにこの国家および民族性というものを強固なイメージとして具現化したものが「王朝＝ダイナシティ」に該当するのではないでしょうか。

簡単に「王朝」について説明しますと、「同じ王家または皇帝家に属する歴代君主の系列、あるいはその系列が支配する時代区分をさす」ということです。普通、ユーラシア大陸の各地域、特にヨーロッパや中近東ならびに中国文化圏を除くアジア、そして日本などにおいて同じような考え方を持っていると考えられます。通常の継承は世襲などにより行われています。

ところが、イスラム教国などのアラブ圏などにおいてはマムルーク朝のように実力者があとを継ぐ体制の例もありました。

若干ニュアンスが違うところに中華文化圏があります。確かに同姓の王家が続く限りにおいては他の地域と同じように解釈していきます。しかし、王朝がほかの姓や異民族などになった場合、つまり実際には反乱や戦争などで強奪したとしても「放代」や「禅譲」という言葉を用いて「易姓革命」が起きたということになります。もう一度確認したいところですが、漢民族以外の他の民族が取ったり、前代王朝の王や皇帝を殺害して取ったとしても「天」が認めたということになるのです。

一般的な解釈としては他民族がとったり征服したら別の文化地域になり「断絶」していると考えるのが当然だと思います。この意味において中国は同じものでは決してないし、また、中華文化圏についても欧州ほどの広がりが大きな地域・大陸と考えるのが妥当なはずです。実際に歴史的なものとして、漢民族が登場したのは、西域からであり「漢」という帝国です。そしてとても大事なことに漢民族が保持（皇帝または元首として）したのはたった三つの王朝だけです。それは「漢」と「明」と今に連なる「中華民国・中華人民共和国」だけなのです。そして地域についても現在の中国の四分の一以下の地域（黄河および長江流域に限定された地域のこと）しか過ぎないのです。また、今現在をもってしても漢民族は同じ地域にしかいないし、またはその他の地域には少なすぎるということが重要なのです。

少々うがった見方から考えますと、この中国大陸の地域に存在している国というものには、全く

「歴史性」がないということでしょう。ですから現在の中国は建国約六〇年の新人国家です。

次に「王朝」における「王」や「皇帝」について考えたいと思います。当然、「王朝」に関することの正当性・民族性や文化および歴史的なものに関しては世界各国が尊敬する対象になっています。そして今現在存続している国家の中で古いものほど、その尊敬の度が高くなるのは当たり前のことではないでしょうか。第三位は欧州の英国であり、約九百年の正当性ある王朝が続いています。第二位も同じく欧州のデンマーク国であり、約千年の正当性ある王朝が続いているということになります。

それでは第一位はどこかと申しますと日本です。日本民族の神話の中において日本国が成立していて、その同じ王朝がずっと天皇として連綿と継続されているのです。日本国内の歴史文書（『古事記』および『日本書紀』などの記紀）において約二三〇〇年と記載され、そこから千年以上近く歴代の天皇が即位しているのです。

それ以外の国、歴史書を残しているものの中で――ここでは東アジアの最大文化圏である中華圏の歴史書となりますが――「日本（倭国）」に関連するものは『漢書』『後漢書』『魏書』『北国の晋・北魏』『隋・唐』などに記載されています。ですから日本の歴史書と中国の歴史書両者を合わせて、割り引いて考えたとしても約二千年は続いているということになります。

それは「古さ」だけの順位のみならず重要なことがあると思います。つまり「格式」や「権威」というものがこれに該当するのではないかと思います。つまり単に古いだけというのでは他国というか世界の国々に全然尊敬されません。やはりその国の文化的な高さや宗教的な重要性および政治・経済・軍事力などのトータル的なものが必要だと思います。

さらに現在、世界の主要なものとして「権威」についての考え方があります。これは実際的に「世界各国」が外交用に準拠して使用しているものです。外交儀礼や儀式の基準となるものです。その「権威付け・格付け」中のベスト3を見てみましょう。第三位は欧州の英国女王であり、今までの実績として十二分に理解できるものです。第二位は若干雰囲気が変わっています。これは欧州の宗教的権威としての「ローマ法王」であり絶大な影響を世界に与えています。そして第一位には、日本の「天皇」なのです、古さも格式も申し分なく、かつ皇帝という存在については現存している国家では唯一となります。

最後に、この日本における「王朝」および「天皇」の基、あるいは起源のすべては『古事記』や『日本書紀』の「記紀」において明確に記載されているのです。

もう一点、遺跡というものを考えてみます。外国の遺跡には「ギリシャのパルテノン神殿」や「ローマの大劇場・コロシアム」や「イギリスのストーンサークル」、「エジプトのピラミッド」、「中国における万里の長城」、「マヤやインカのピラミッド」などがあります。そして、ここでそれぞれに共通する点は、今現在は、当初その宗教的な施設や遺跡なりをつくった人たちとは直接関係のない、つまり継続性のないものとなっているということです。

ところが日本においては、ほとんどの遺跡が密接かつ有機的に関連性があり、今現在でも鎮守の神として、連綿として地域住民の祭りの対象となっているのです。特に地域の夏祭りというものは、一年を通じて準備し、その意気込みは地域住民にとって並大抵のものではないように感じられるのです。

この神社仏閣、特に神社においては、その大部分というものが神話としての『古事記』または『日本書紀』などの「記紀」に由来していることが明確です。このことは王朝・天皇というものとあわせて本当にすごいことなのではないでしょうか。

これは外国ではほとんどないといっても良いのではないでしょうか。それは各民族の神話がなくなったり、あるいは戦争などにより征服されたり、あるいは唯一神宗教に統合された結果なのです。


二〇一二年は『古事記』が七一二年に編纂されて、ちょうど一三〇〇年という記念の年に当たりました。今まさに書店の店先にはさまざまな『古事記』解説書や関連本が所狭しと並んでいます。今一度日本人としてのアイデンティティとし、外国人との比較検討をしてみるとか、調査研究するのも面白いのではないでしょうか。

また、今までの「暗記」を中心とする歴史教育や試験勉強とは違って、過去の歴史と会話するという意味でも、ちょうど良いタイミングなのではないかと思います。

そこでいったん『古事記』の概要について四つの項目について書いてみたいと思います。

① 現存する日本最古の歴史書である。同じ記紀である『日本書紀』(対外的史書)については七二〇年に編纂されている。ちなみに聖徳太子自らが編纂したといわれる『天皇記』と『国記』は大化の改新のときに蘇我蝦夷とともに消失した。

② 稗田阿礼が天武天皇の命により天皇家内録の「帝紀」と六家〈吾道家、物部家、忌部家、卜部家〈中臣家・藤原家〉、出雲家、三輪家〉の「旧辞」を誦習して記憶し、太安万侶が元明天皇の命で選出し記録編纂した。

③ 七一二年（和銅五年）に献上された。しかし、秘匿されていた。太安万侶の子孫「多人長」が一〇〇年後の八一二年に『古事記』の存在を認めた。実物の写本が現愛知県名古屋市の寺（大須観音）で発見されたのは、その後しばらくしてからであった。

④ 天皇を中心とする大和朝廷の日本統一の由来を物語っている。

ちなみに、『日本書紀（または日本紀）』についての概要について若干説明します。

奈良時代に成立した日本の歴史書であり、日本における現存する最古の正史で、六国史の第一にあたります。舎人親王らの選で養老四年（七二〇年）に完成。神代から持統天皇の時代までを扱っています。三〇巻と桓武天皇に焚書された系図一巻で構成されていました。また、『古事記』の閲覧禁止をしたのも桓武天皇とされています。

ここでもうひとつ重要なことがあります。それは『古事記』と『日本書紀』の位置づけに関することです。記紀の共通認識事項というものは二つあります。

一 **「天皇神話」**

どちらも、あくまで天皇神話なのです。人間（臣民・国民）については始まりを述べることすらないのです。

二　「世界認識」

世界は、「天上の国」と「地上の国」で構成されています。天上の国は『古事記』において高天原と呼ばれていますが、『日本書紀』にはその名称がないのです。地上の国はいずれにおいても葦原中国と呼ばれています。ちなみにシュメールにおいても自国を「キ・エンギ（葦原中国）」と呼んでいる。そのほかなぜかエジプトのナイル川の肥沃なデルタ地帯も「葦原（パピルスの原）」なのです。そして『旧約聖書』の舞台であるところのイスラエルについても「約束の地カナン」のカナンとは「葦原」という意味そのものなのです。

このほかに『古事記』には黄泉国と呼ばれる死者の国があります。また、いずれにおいても根国なるものが出てきますが、詳細の意味は不明です。なおかつ、このすべての根国においてはスサノオが追われた国として出てくるのです。

次に記紀の相違点としては、

・成立は『古事記』が七一二年、『日本書紀』が七二〇年
・巻物数は『古事記』が三巻、『日本書紀』が三〇巻、系図一巻（のち焚書）合計三一巻
・取扱範囲は『古事記』が三三代推古天皇まで、『日本書紀』が九一代持統天皇まで
・執筆は『古事記』が太安万侶、『日本書紀』が舎人親王ほか数人が共同
・期間は『古事記』が稗田阿礼により四カ月、『日本書紀』が天武一〇年より三八年間
・天地は『古事記』では初めから高天原が存在、『日本書紀』では混沌より天地が分離

・創世（国生み）は『古事記』では高天原天神の命令、『日本書紀』では天上と地上は対等
・天照大神は『古事記』では高天原の主宰神、『日本書紀』では単なる日神
・地下（地底国）は『古事記』では黄泉国あり、『日本書紀』では黄泉国の記載なし
・イザナミは『古事記』では死んで黄泉国へ、『日本書紀』においては死なない
・教義（ドクトリン）は『古事記』が伝統・縄文的、『日本書紀』が中国の道教的
・意味合いは『古事記』が日本固有の歴史、『日本書紀』が世界、特に中国大陸を意識した歴史

このことは、何を意味しているかが問題となります。つまり、『古事記』は「ネタ本」としての本音と真実を記載していると思われます。これに対して『日本書紀』は、中国大陸を十二分に考慮して作成されたもので、いわゆる外交文書的な位置づけとなるのではないでしょうか。このようなことから、『日本書紀』はたぶん中国大陸の巨大国家「唐」へ文献として献上されていた可能性が高いと思います。

また、『古事記』と『日本書紀』はどちらも漢文で書かれています。ところが『日本書紀』は中国つまり当時の「唐」という国の人が見ても理解できるように「中国語」的な文法で書いている一方で、『古事記』は全然読めない書物となっているのです。それは漢字を単に日本語の読み方に沿って、単にひとつの道具として書いているからなのです。このことはどういうことかと申しますと、中国の文字とされている漢字の「表意文字」――文字で物事の意味を表現する――というものをツールとして音を表すだけの「表音文字」――文字で言葉の音だけを表現する――として使い、なお

かつどちらも併記しているということです。

通常であれば、表意文字は表意文字のみで文章を構成しています。それ以外のものを入れる、つまり「表意」と「表音」文字で混成文章にすると何を言っているのか全く理解不能になってしまうからです。たしかに人の名前や外国の地名などについては挿入することは問題ではないし、単なる「名詞」として理解可能なのです。そして逆に表音文字であれば、すべて表音にすることで文章を構成しいることには全く問題がなく、理解可能となります。表意文字は中国語の特徴であり、表音文字はその他の地域、大体中近東とヨーロッパ諸語などで用いられているようです。

ここでとても大切なことがこれまでの文字の特徴からわかってきます。中国大陸以外において、特に日本などの周辺地域で文字がないという前提に立ちますと記録する道具やものがないということになります。

そうしますと、いくらたっても「歴史」を残すということが不可能に近いものになります。やはり国としての神話や歴史や出来事を後世の子孫などに伝えたい欲求が絶対にあると思います。稗田阿礼みたいに口伝えだけでは限界があるし、もし稗田みたいな人がいなくなったら伝えることさえできません。それでは困ってしまうのです。そうすると近くにその「道具＝この場合は文字」があり、うまく活用さえすれば記録として残すことが可能となります。

「おと・音」としてのみ記載することもできますが、どちらかというと人情的にも「意義・意味」を伝えたくなるものです。そこで最も日本らしくできたのが、表意文字と表音文字の組み合わせにより「大和言葉」という言霊を残しつつ意味合いもよく理解できる『古事記』ができたものと考えられます。古代日本人が使っていた「やまと言葉」の響きと古代日本人の魂の意義・考え方をこめたものができたということです。これを簡単に言うと、何でも「いいとこ取り」というものなのでしょうか。

このことはなぜか日本人の性格などにとてもマッチ＝合致しているようです。

続いて「和」の心というものをベースにして『古事記』を表現しています。最初の上巻の神話よりも後ほどの中巻および下巻になればなるほどその傾向が強いようです。また、これは私光明が言っています「愛」と「調和」と「感謝」、そして「笑い」というキャッチフレーズと見事に合致しています。具体的に言いますと、「和」すなわち「愛」と「調和」をとても大切にしているということです。

そしてこの「和」というものは、音的にもその他の「輪」や「環」とか「わたし・私・我・ワシのわ（WA）」とか「倭」等にも通じているように思われます。愛と調和を大事にする「和」ということは一神教で有名なユダヤ教などの『旧約聖書』の精神よりもキリスト教の『新約聖書』の精神につながっているものなのかもしれません。

ただ、流れ的には高天原の神様が独断的な命令で創世し、徐々に愛を大切にし、その後みんなの調和（占いや話し合いで解決すること）を大切にするような記述になっています。

第一節　イザナミとイザナギの国生みの神話と順番

それでは早速『古事記』——原文・読み下し文・現代語訳、そして要約等——に基づいて、イザナミとイザナギの国生みに至る「大八島の生成」について考えていきたいと思います。

また、本来『古事記』においては、伊邪那岐《イザナギ》と伊邪那美《イザナミ》の順により表記されていますが、このことについては後ほど明確にしていきましょう。

それでは最初に『古事記』の原文で確認しましょう。

大八島国の生成

於是二柱神議云、今吾所生之子不良。猶宜白天神之御所。卽共參上。請天神之命。爾天神之命以、布斗麻邇爾【上。此五字以音。】卜相而詔之、因女先言而不良。亦還降改言。故爾反降、更往廻其天之御柱如先。於是伊邪那岐命、先言阿那邇夜志愛袁登賣袁、後妹伊邪那美命、言阿那邇夜志愛袁登古袁。如此言竟而御合、生子、淡道之穗之狹別嶋【訓別云和氣。下效此。】次生伊豫之二名嶋。此嶋者、身一而有面四。每面有名。故、伊豫國謂愛（上）比賣【此二字以音。下效此也。】讚岐國謂飯依比古、粟國謂大宜都比賣、【此四字以音。】土左國謂建依別。次生隱伎之三子嶋。亦名天之忍許呂別【許呂二字以音。】次生筑紫嶋。此嶋亦、身一而有面四。每面有名。故、筑紫國謂白日別、豐國謂豐日別、肥國謂建日向日豐久士比泥別、【自久至泥以音。】熊曾國謂建日別。【曾字以音。】次生伊岐嶋。亦名謂天比登都柱。【自比至都以音。訓天如天。】次生津嶋。亦名謂天之狹手依比賣。次生佐度嶋。次生大倭豐秋津嶋。亦名謂天御虛空豐秋津根別。故、因此八嶋先所生。謂大八嶋國。

（『古事記』　岩波文庫　倉野憲司校注　原文より）

ここに二柱の神、議りて云ひけらく、「今吾が生める子良からず。なほ天つ神の御所に白すべし。」といひて、すなはち共に參上りて、天つ神の命を請ひき。ここに天つ神の命もちて、太占に卜相ひて、詔りたまひしく、「女先に言へるによりて良からず。また還り降りて改め言へ。」とのりたまひき。故ここに反り降りて、更にその天の御柱を先の如く往き廻りき。ここに伊邪那岐命、先に「あなにやし、えをとめを。」と言ひ、後に妹伊邪那美命、「あなにやし、えをとこを。」と言ひき。かく言ひ竟へて御合して、生める子は、淡道の穗の狹別島。次に伊豫の二名島を生みき。この島は、身一つにして面四つあり。面毎に名あり。故、伊豫國は愛比賣と謂ひ、讃岐國は飯依比古と謂ひ、粟國は大宜都比賣と謂ひ、土左國は建依別と謂ふ。次に隱伎の三子島を生みき。亦の名は天之忍許呂別。次に筑紫島を生みき。この島もまた、身一つにして面四つあり。面毎に名あり。故、筑紫國は白日別と謂ひ、豊國は豊日別と謂ひ、肥國は建日向日豊久士比泥別と謂ひ、熊曾國は建日別と謂ふ。次に伊伎島を生みき。亦の名は天比登都柱と謂ふ。次に津島を生みき。亦の名は天之狹手依比賣と謂ふ。次に佐度島を生みき。次に大倭豐秋津島を生みき。亦の名は天御虛室豐秋津根別と謂ふ。故、この八島を先に生めるによりて、大八島國と謂ふ。

（『古事記』　岩波文庫　倉野憲司　読下し文より）

それでは最後に『古事記』の現代語訳で確認しましょう。

［大八島国の生成］

男神と女神はそこで顔を見合わせて嘆いた。

「いま二人の子を生んだが、これはどちらも出来そこないだった。どうしてこういうことになったのか、ひとつ天神のところに参上してお伺いしてみようではないか。」

こう相談して、一緒に高天原に上り、天神に意見を訊くことにした。天神のほうでは、神意を尋ねるときに用いる、牡鹿の肩骨を灼いてその割目の形で吉凶をはかる、太占の占いを立てた。その結果、

「女のほうが先に言葉を発したというのが、こんな失敗をした原因なのだ。もう一度戻って、今度は間違いのないように言い直すがよい。」

こう命令した。

そこで二柱の神は、ふたたびおのごろ島へとくだり、御殿の中央の柱をまた右と左から廻り始めた。今度は失敗しないように、イザナギのほうが最初に、

「あなにやしえおとめを。」

ああ、なんという見目麗しい乙女だろう、と嘆じ、そのあとからイザナミが、

「あなにやしえおとこを。」

ああ、なんという見目麗しい人でょう、と唱和した。

このように言葉を交わしてからともに寝たが、今度は道にかなっていたと見えて、次々に国を生んだ。最初に生んだのが淡道之穂之狭別島《あわじのほのさわけのしま》、これはのちの淡路島を人格化した名称。次に生んだのが、のちの四国である伊予之二名島《いよのふたなのしま》。二名というのは四国は山脈によって二並びに分かれている意味。この島は身体が一つなのに顔が四つあり、その顔の一つ一つに名前がついている。すなわち伊予の国〔今の愛媛県〕を、麗しい乙女の意の愛比売《エヒメ》と言い、讃岐の国〔今の香川県〕を、飯を産する国を男性化した飯依比古（イヒヨリヒコ）と言い、粟の国〔阿波の国。今の徳島県〕を、粟を産する国を女性化した大宣都比売（オホゲツヒメ）と言い、土佐の国〔今の高知県〕を、雄々しき男子の意の建依別（タケヨリワケ）と言う。次に生んだのが、隠岐之三子島《おきのみつごのしま》、海原の沖合にある三つの島の意味で、別名を天之忍許呂別（アメノオシコロワケ）と言う。次にのちの九州である筑紫の島を生んだ。この島も身体が一つなのに顔が四つあって、顔の一つ一つに名前がついている。すなわちのちの筑前筑後である筑紫の国〔今の福岡県〕を、白日別（シラビワケ）と言い、のちの豊前豊後である豊国〔今の大分県と福岡県の一部〕を、豊日別（トヨビワケ）と言い、のちの肥前肥後である肥の国〔今の佐賀・長崎・熊本の各県〕を、建日向日豊久士比泥別（タケヒムカヒトクジヒネワケ）と言い、熊曾族の住んだ熊曾の国〔今の熊本県南部と鹿児島県付近〕を、建日別（タケビワケ）と言う。いずれも国土に対する美称である。次に生んだのが、のちの壱岐である伊伎の島、別名を離れ小島の意味の天比登都柱（アメヒトツバシラ）と言う。次にのちの対馬である津島、別名を天之狭手依比売（アメノサデヨリヒメ）と言う。次に生んだのが佐渡の島。次に生んだのが大倭豊秋津島《おおやまととよあきつしま》、五穀の豊かにみのる島の意味で、のちの本州の総名である。別名を、同様の美称によって天御虚空豊秋津根別（アメノミソラトヨアキヅネワケ）と言う。以上にあげた八つの島は、イザナギ、イザナミの二神が初めに生んだ島々なので、これらを総称して特に大八島国と呼ぶ。

（『古事記』　河出文庫　福永武彦　現代語訳より）

簡単に要約しますと、

イザナギとイザナミの結婚方法が間違っていたので、一回目に失敗してしまった。そこで天神に伺いして占いをし、正式な順序、ここでは男性であるイザナギから声をかけて結婚するということになった。

そうすると次々と国生みすることができた。淡路島、四国、隠岐、九州、壱岐、対馬、佐渡、そして最後に一番大きな本州が何も問題なく生まれた。

●男女神の結婚における「声かけ」の順番

この男女二神においてどちらが最初に声をかけるかで大問題となり、失敗したことが書かれています。後ほどここのところはもう一度見ますが、今現在の日本から見ますと別段問題ないように思います。たしかに現代日本は男女同権が叫ばれて久しいのでどちらでも影響がないでしょう。しかしながら、この神代においてはとても大事な問題であったのでしょう。だから、わざわざ二度書きした後「国生み」に成功したようになっているのです。

そうであっても、結婚した後、具体的に国生みをしているのは女性神であり、後の「三貴神（子）」における一番大切な神は女性神の天照《アマテラス》大御神、次に女性神の月読命《ツキヨミノ》、最後に男性神の須佐之男命《スサノオノ》という格付順番になっています。このことを考えると別段、イザナギの前にイザナミがあってもおかしいことではないということがわかるのではないでしょうか。

つまり、本来正しいのは、女性神であるイザナミがすべてを生んだ「創造主」であり、その内容を隠すために細工がなされたのではないでしょうか。そして、このことは「イザナミ」の秘密を隠していることと、事後明らかにする『旧約聖書』の「創造主」つまり「ヤハウエ」と同一の存在であるのではないかと推測されるのです。

このことは、私光明の霊視においても同一でした。それは、創造主は「イザナミ」本人であり、かつ「ヤハウエ」でもあるということでした。また、一一次元において大天使ガブリエル様に確認しようとしたのです。ところが、とても忙しいようで、相手にしていただけなかったため、一〇次元にいる大天使を紹介していただきました。この大天使はとても明るくて楽しいタイプであり、また神道の歴史に詳しい「ウリエル（女性性）」という方で詳しくお聞きすることができました。今後、大天使ガブリエル様が忙しいときはこの大天使ウリエル（アリエル）さんに聞くことにしました。

お聞きした内容については、私の霊視どおりで問題ないということでした。また、大天使ガブリエル様は日本神道における「スサノオ（須佐之男命）」様そのお方であり「粗相のないように」と釘を刺されてしまいました。当然のように大天使ミカエル様は「アマテラス（天照大御神）」様そのお方であるということでした。ただ「月読命（ツキヨミ）」様はユダヤ・キリスト・イスラム教関連地域にはあまり関係していないようです。どちらかというと、インド（ヒンズー教ビシュヌ神）関連ということでした。ちなみにスサノオがシバ神です。

●「地」の国々を生んだ

それでは次に、イザナギからイザナミに声をかけ直して八つの島が生まれた。

もともと天神から地の国生みをしなさいという命をうけて、男女神がお互いに誘う（男女が同格神）ことで結婚し、子供を産んでいくということが始まったのです。このことは、どちらかというと「地＝地球」ということのほうが理解しやすいのではないでしょうか。

そして、地球の大陸や島ができていった過程を述べているものと考えるほうが合理的に理解できるのではないかと思います。また、「他の書」とか「一書に曰く」というものを見ていくと、似たようなものが存在しています。正式なものではないのですが、偽書として結構有名なもので『竹内文書』というものがあります。

この書物では「日本列島＝大八島・大八洲」が「世界の雛形」であるという説が述べられています。たしかに『九鬼文書』や、「大本教」などにも似たような説明があります。

私光明も霊視をしてみたところ、大体同じような感覚でイメージを捉えることができました。そして当然のように七次元のアメノコヤネさんに聞いたところ、大体あっているということでした。ただ、一部未確認のところについては、私の意見という形で表現させていただきました。

大八島……これが今の現状の世界（地球上）ということになる。
↓
〇番目：オノコロ島＝ムー大陸（現在の地球上では存在していない島・大陸）
一番目：淡路島＝日本列島
二番目：阿波の島または伊予の島＝四国＝オーストラリア
三番目：隠岐島＝グリーンランド……光明独自説
四番目：筑紫の島＝九州＝アフリカ
五番目：壱岐島＝アトランティス（カナリヤ諸島付近）
六番目：対馬＝イングランド
七番目：佐渡島＝南極大陸……光明独自説
八番目：豊秋津島＝本州＝ユーラシア大陸

ただし、ここでカウントしていない大陸が二つあります。

北海道＝北アメリカ
台湾＝南アメリカ

これは聖書にも書かれていない場所である地域の二カ国（地方）であり、イザナミとしては関心がないか、または考慮しない所ということになるようです。

ここで若干余談になりますが、日本神話における日本語と旧約聖書の言葉であるイスラエルの言葉、つまりヘブライ語の関連性について紹介しておきます。

『古事記』に書いてあることで、かなり理解しにくい言葉があるようです。たしかに現代語訳では一定の解釈で書いていますが、もっとすっきりと現代日本人が理解できるような言葉である（必要である）ように感じられます。

『古事記』の言葉「あなにやし」→現代語訳「ああ、なんという」というふうになっています。ところが↓ヘブライ語「私は結婚する」になるそうです。

個人的にはヘブライ語の音訳のほうがしっくりと理解できるようですね。


また、日本国歌である「君が代」についても面白い話があります。それは、君が代が「音声的」にヘブライ語で言うことができ、当然意味も有していることなのです。

君が代　↓　クムガヨワ：立ち上がれ（神を讃えよ！）
千代に　↓　テヨニ：神の選民・シオンの民よ！
八千代に　↓　ヤ・チヨニ：神に選ばれし者
さざれ　↓　サッ・サリード：喜べ、人類を救う民として
石の巌となりて　↓　イ・オト・ナリタァ：神の預言が成就する
苔のむすまで　↓　コ（ル）カノ・ムーシュマッテ：全地で　語り　鳴り響け！

となるということで意味を訳してみると、聖書に関連するようなものになります。

「立ち上がれ、神々を讃えよ　神の選民・シオンの民よ　選民として喜べ　人類に救いが訪れ　神

の預言が成就する　全世界に万遍なく　宣べ伝えよ」
いろいろな意味で日本とヘブライの関係性が明確になると、今後大いに楽しくなると思います。

第二節　『古事記』からの考察

『古事記』を作る前に日本にあったモノがあり、日本に限定していうと、まずムーの時代より神代文字があった。ムーから日本に移って、その後シュメール～バビロンと続き、シュメールが壊れた段階でイスラエル人が出てきて、このときに『旧約聖書』を与えたようです。

つまり、『古事記』（七一二年）のイメージが先にあって、その後『旧約聖書』（紀元前三〇〇年頃）が書かれた。神の流れでいうとイザナギがいて、その後イザナミが死んだことにしてアマテラス・ツキヨミ・スサノオが出て来た以降が『旧約聖書』の世界となるのです。

このとき、ずらして、「イザナギとイザナミがいなくなって、インドおよび中央アジア地方やメソポタミア及び地中海地方に行っている」と考えられます。

『古事記』の元となったものには、「帝紀」と「旧辞」があります。

「帝紀」は、歴代の天皇の御名、后妃・皇子・皇女などを記した系譜を中心とする記録であり、いわゆる天皇家の「日継《ヒツギ》」と呼ばれる系図関連のものです。

「旧辞」は、神話、伝説、歌謡物語などの伝承された物語の記録で、「本辞（帝紀日継）」と「先代旧辞」があります。本辞（帝紀日継）は、天皇家に、先代旧辞は日本各地の旧家・有力貴族にそれぞれ伝わったものなのです。

このとき、聖徳太子と蘇我馬子が、帝紀をチェックした可能性が極めて大なのです。旧辞を各有力部族や有力貴族に提出させて集めたが、さらに足りないからとして再提出を求め、そのときには忌部家と卜部家の二家のみ提出しているのです。

これによって聖徳太子が作ったのが「天皇記」と「国記」となります。しかし、「天皇記」（推定六二〇年頃）と「国記」（推定六二〇年頃）は、蘇我入鹿が殺害されたときに蘇我蝦夷が焼却したため、今は存在していません。

ポイントになるのは、これらの根拠となる「旧辞」の本当に大事なところは卜部家、つまり中臣家・藤原家は渡しておらず、そのとき（仏教論争や衣摺の戦い）も今も隠蔽したまま保有していることです。この争いは欽明天皇（五六九年頃）のときに「蘇我稲目（渡来系で新興豪族）」と「物部尾輿・中臣國子等（旧来からの有力豪族）」間で、敏達天皇（五八四年頃）のときに「蘇我馬子＋聖徳太子や皇族」と「物部守屋・中臣勝海など」間で、そしてついに用明天皇の死後（五八七年）に戦いが勃発し、蘇我一族が物部一族を全滅させる（天皇政治から脱落。現在の穂積・宇井・鈴木氏）とともに一名（中臣御食子・鎌足の父）の神祇伯関連を除いて中臣一族も滅亡させました。ここで偽書扱いの『物部文書』や中臣氏系列の『九鬼文書』が出てくることになるというわけなのです。つまり中臣氏も権力から敗れ去った側だったのでした。

この後に、中大兄皇子（天智天皇）と中臣鎌足（藤原鎌足）による乙巳の変、つまり「大化の改新（六四五年）」が発生して一発逆転により蘇我氏が滅亡しました。天智天皇のあと、建前的には、天武天皇と持統天皇が『古事記』および『日本書紀』を作成することにしたのです。

『古事記』を作った人物は、稗田阿礼と太安万侶です。この二人はともにスサノオ系であり、ほとんど卜部・中臣系列の一族となっています。ここで本当に面白いのは稗田阿礼です。この稗田は藤原不比等のペンネームであると考えられるのです。藤原家の領地である「稗田村のアレ（ある若者）」ということで付けた名前ではないでしょうか。また、年齢が二八歳というのは、持統天皇に大抜擢された年齢（推定で二八歳頃）と同じなのです。当然、天武王朝の仕事をすべて遂行した人物その人なのです。

具体的には、「『古事記』および『日本書紀』の編纂ならびに監修、律令制度の導入、平城京の建設および維持運営、神道の修正再導入」です。そして、考えられるものの一つとして外交があり、「唐の皇帝が『日本書紀』を見て……ここに至って初めて『日本の天皇』を黙認したのではないか」ということです。ちなみに七五三年、唐の玄宗皇帝「朝賀儀」において日本と新羅が席次を争ったことがあります。以前隋の煬帝に対して聖徳太子が同等の帝を名乗り、怒りを買い無視されたときから『日本書紀』の献呈などにより、ようやく落ち着いてきたときのことです。ただし、朝鮮半島との新羅とはいざこざが続いていました。当初は西の一位吐蕃（チベット）、東の一位新羅（朝鮮…唐ベッタリの政治体制国家）、西の二位日本、東の二位大食（アラビア）だったのに対し、大伴古麻呂が争長（席次の争い）事件を起こし、東の一位に日本、西の二位に新羅と変えさせ、認めさせたものです。

このときに、唐側が各種の資料を用いて再度検討確認し、大伴古麻呂の言うとおりに改めてこの席次になったのです。これは画期的な大変化だったのです。

これだけ能力のある藤原不比等の特徴が「……人と爲り聰明にして、目に度れば口に誦み、耳に拂るれば心に勒しき」とは、聖徳太子と同じように見えてくるのは私だけでしょうか。

次に藤原不比等本人は、天児屋・卜部・中臣氏系列であり、先の内大臣であった中臣・藤原鎌足の次男である地位を有効に生かしていると考えられるのてす。おそらくその当時現存していたであろう古文書、特に「上宮記（推定六六〇年頃、継体天皇の系図等）」「帝紀」「旧辞」『国記』『天皇記』「有力な各氏（六家）墓記」「日本各地の風土記」「隋・唐などの史書」「百済三記」「新羅記」等を直接見る機会があったと思われます。

「『古事記』序文の一部より掲載」

臣安萬侶言す。……時に舎人ありき。姓は稗田、名は阿禮、年はこれ廿八。人と爲り聰明にして、目に度れば口に誦み、耳に拂るれば心に勒しき。すなはち、阿禮に勅語して帝皇日繼及び先代舊辭を誦み習はしめたまひき。然れども、運移り世異りて、未だその事を行なひたまはざりき。

（『古事記』読下し文より）

藤原不比等がおそらく稗田阿礼をペンネームとして使い、執筆編集の太安万侶とともに約四カ月で三巻を書き上げたというのは、ものすごいパワフルなことであったと思います。

また、不比等は当時の有名歌人であった柿本人麻呂を入れて、より文学的傾向を高めていたと考えられますが、途中から編纂の考え方が少し違って結果的に柿本は外れたようです。

先ほどにも書いたように、太安万侶は卜部家と同じで、卜部家、大野（多・太）家、中臣家、藤原家はすべて同族であり、基本的にこの同族だけで『古事記』を作ったということになるのです。

建前上、『日本書紀』は、天武一〇年（六八一年）川島皇子から始まり最終的には天武天皇の息子である舎人親王の編纂となっています。実質的な編纂作業には『古事記』でおなじみの太安万侶がメインとなって作り、編纂の総まとめ・総監修は、当然にように藤原不比等であるため、『日本書紀』は『古事記』を元に作ったものであると考えられます。

前述したように『古事記』は三巻しかありませんが、『日本書紀』は建前では三一巻で、のちの第五十代桓武天皇（嵯峨天皇などの父）がいらない（焚書した…これは、藤原永手および藤原百川・良継兄弟によって復活した天智天皇系の桓武天皇にとってはあまり好ましくない内容が記載されていたためと解釈できるでしょう。あるいは真実を知ったためか？）と言ったため、いま現存しているのは三〇巻になったようです。

また『日本書紀』は中国大陸の大国「唐」など対外的に書かれたもの（最古の正史で正式な外交文書に準ずる）であり、『古事記』は数百年にわたって隠されてきたものであると思います。

その後、太安万侶の直系子孫（多人長《おおのひとなが》）が天長八年（八一一年）に打ち明けたこと、つまり『日本書紀』の勉強会または教育説明の中において、『古事記』が明確に表に出てきたということなのです。

現存の『古事記』には、「伊勢本」と「卜部本」があります。

伊勢本には、上・中・下巻があり、この内、上巻と下巻は大中臣家が作ったもので、中巻は藤原道正で藤原家が作ったものです。つまり、上・中・下巻ともに藤原一族が作ったことになってしまうのが事実のようです。

卜部本は、卜部家が作ったものであり、卜部家も中臣・藤原一族と同族なのです。

つまりは、古代日本を代表する『古事記』および『日本書紀』のすべてが藤原一族という同族が作ったものであるといえるわけです。

伊勢本は、愛知県名古屋市の大須観音（真福寺）にあり、国宝となっています。伊勢本系統のものは、大須観音のお坊（賢瑜《けんゆ》）さんが写本したものであり、この元となったものが大中臣と藤原系統のものを見て書いたものです。この写本が現在残っているものであり、原本は不明となっています。

卜部本は、室町後期にはあるということが明かされていますが、未だに隠されていて表には出てきていません。つまり藤原家によって隠されていることになるでしょう。

数多くある古史古伝の中で、九鬼文書は唯一体制側といえる中臣・藤原家のものです。

この理由は、蘇我家（天皇家にかかわる大臣家）と物部家・中臣家（天皇家の超側近としての大連家）の戦いで蘇我家が勝ったときに、一族が根こそぎ殺害されて中臣鎌足が残っただけで有力な貴族・大臣クラスは全滅しています。この際に九鬼文書の原本が作られているのです。ようするに、書かれた以前のネタがあるはずであるが、中臣家の元ネタは一切表に出ておらず天皇家にも出していないのです。建前から一部分、つまり建前の部分は出したとしても本髄は出していない。よって、中臣家の文書があれば、ムー大陸から始まるすべての歴史のことが解明されるはずであり、そしてこれは、神代文字で書かれていると考えられます。

『日本書紀』は、藤原家の同族の太安万侶が書いているところもありますが、最後の監修をしたのは藤原不比等であると考えられます。全部考えて作っていると思います。蘇我系列の聖徳太子もかなりの知恵者であったが、肝心な部分（大元のネタ）がないので、その分かえって藤原不比等の作ったものに比べると劣ることになるのではないでしょうか。

藤原不比等はフヒトでもフヒラでもよいのですが、ようは比べるものがないほど頭が良いということになります。これもかなり聖徳太子を意識しているようです。

不比等は藤原鎌足の二男です。生まれて間もない三歳から、「唐」へ長期留学していた長男（定恵）がいたのですが、お坊さんになって留学から戻って国内で死亡しています。父親が天智天皇であったという噂があり、そのとき（天武天皇時代頃）に運悪く中国から日本に帰国し数年後に殺されているようなのです。持統天皇は天智天皇の娘ですが、反天智天皇（夫の天武天皇派）であり、自分と自分の息子に嫁いでいる妹以外の系統は全部殺害しています。これゆえに「持統（自らの血統のみ）」という天皇の名前が諡号が送られているようです。

藤原家では、藤原不比等と持統天皇の女官長である犬養氏の娘（県犬養三千代。持統天皇より「橘姓」賜る橘諸兄の実母）がお互いに既婚していたのにもかかわらず、いわゆる政略結婚（不倫後）して、そこから光明子いわゆる光明皇后が生まれ出て、それが初めて臣下で天皇の皇后となったのです。まさしくこれ以降、天皇の一族以外の血統である藤原家が天皇家に入っていく嚆矢《こうし》となるのです。それ以前にも姉などが低い位（天武天皇女御・婦人、姉氷上娘、姉五百重娘）で入ってはいるのですが、妾などであり正規ではありませんでした。

藤原不比等は、姉五百重娘との間に子供があり（兄妹密通）、それが藤原麿です。そして、北家、南家、式家、京家とある藤原四家の五百重姫は天武天皇の妾で、藤原不比等は子供を産ませてしまったが、そのことを堂々と「藤原家家伝」に書いているのです。

血統を絶やさない行為でもあるのですが、それはエジプトなどでも同じようです。そして妻が実際の「妹」であるため、妻を「妹《いも》・吾妹《わぎも》」と呼ぶのです。日本では大体奈良・平安朝まではそのように呼ばれていたようです。ここでも面白いのは、シュメールも似たような風習があります。『旧約聖書』で有名なアブラハムの妻サラを異国の人々に対して「妻」ではなく「妹」といっていることなどの物語があります。

霊視的には上エジプトはもともとは日本縄文の天皇家であり、シュメールが敗れたあと、ナイル川の上流の地域にあったようです。上エジプトの王家は帽子の形が違っています。

天皇家には五伴緒神《イットモノオノカミ》とともに軍事を担当した、物部家、大伴家などがいたのですが、政争の中で消えて、残ったのが中臣家・藤原家でした。蘇我家はもともと天皇の子供（武内宿禰）の子孫で、奥さんの一部がインド系であるため天竺系血筋が入っています。でも、表向きには唐の国から来たとしか書いていません。この子孫は今は極めて少ないと思われます。

内録（「帝紀本位」）に天皇家（「帝紀日継」）が入り、「先代旧辞」で六家になって吾道家からはじまり六家が出てくる。これが「先代旧辞」に書いてありますが、正確性は不明です。「天皇記」と「国記」を作った（聖徳太子と蘇我馬子）というところでいえば、そのとおりであると思います。「天皇記」と「国記」が『古事記』として一冊にまとめられて、さらに対外的なものとして『日本書紀』が作られたのです。

六家：吾道家《あちけ》、卜部家《うらべけ》（中臣家《なかとみけ》、藤原家《ふじわらけ》）、忌部家《いんべけ》、物部家《もののべけ》、三輪家《みわけ》、出雲家《いずもけ》

七家：六家＋天皇家

忌部家は中臣家に負けましたが、基本的に斎の宮であり、藤原家と一体化して斎藤家となっています。忌部家は生き残るために妥協したのです。しかし、卜部家と忌部家が三対一の割合で神事を行っていたのですが、卜部家は中臣家でもあり、藤原家が出て大中臣家になった瞬間に、一切忌部家には役を付けさせませんでした。なぜなら、藤原家が政治経済の一切を握り、宗教（国家神道）関係も握って仕切っていく過程で、神道系もすべて押さえたからです。もともと神道の神事を担っていた忌部家が生き残る道として、藤原家との婚姻関係により斎藤家として形を変えるしかなかったのです。今の奏上文は中臣家のものであり、忌部家のものはなくなっているようです。

藤原家の系統としては、大中臣家、中臣家、卜部家、藤原家、吉田家、荒木田家、大野（多・太）家などがあり、大中臣家、中臣家、卜部家、藤原家だけで、ほとんどの神代文字の情報が集まっています。特に阿比留《アビル》文字は卜部家であり、長崎県対馬の卜部（阿比留）家と同じく長崎県壱岐の卜部家があります。

その他の神代文字として、阿比留草《アビルクサ》文字、阿波《アワ》文字、出雲《イズモ》文字、カタカムナ文字、豊国《トヨクニ》文字、琉球文字、北海道異体文字、対馬《ツシマ》文字などがあるが、そのすべてに卜部家は入っているようなのです。状況によっては、岩刻文字のペトログラフもあります。

アビル文字は紀元前一一〇〇年前には既にあり、最も使われていたのは漢字が本格的に入る前の奈良時代頃だと考えられます。遅くとも平安時代一〇〇〇年には完成されていました。これはその後、隣の李氏朝鮮のハングル文字の元になっている文字ということです。

日本で多いといわれる佐藤、斉藤、武藤、後藤、加藤、江藤、伊藤など「藤」が付く苗字は、大体藤原系統なのです。また、地名に付ける場合もあります。

今、藤原と名乗っている家系もありますが、皆名前を変えているのが由緒正しいことになります。本来の藤原は五摂関家など（近衛家、一条家、三条家、日野家……公家）になってます。

平安時代からは、皇后のほとんどが藤原家の出身と独占状態なりました。ここから生まれた者は皆、源氏であり平家です。つまり、源平合戦は同族の争いでもあったわけです。

武家（武士）の藤原家も入っており、伊達家でも佐野家でも皆藤原家の系統に入ります。ただし橘家だけは犬養三千代の後裔であり、別系統となっています。

先にも述べましたが、犬養三千代の子であり、また橘諸兄の妹でもある光明子（自称「藤娘」と名乗る）も藤原不比等の娘です。しかしながら、この光明子いわゆる光明皇后がいたからこそ不比等から続く権勢を誇っていた兄弟たちほぼ全員（南家の武智麿、北家の房前、式家の宇合、京家の麿）が一時にはやり病で死んでも、聖武天皇の皇后なので甥っ子たちが大きく育つまで待って——橘諸兄の権勢後まで——貴族の階級を上にあげていき、やがて名門藤原家は復活していったのです。

日本の歴史上、藤原家と中臣家は本当にすごい一族であり、今現在においても日本の権勢を維持しているようです。

第三節　イザナミは初まりの神（創造主）

日本神話この場合『古事記』の中においては、天地のはじめにおいて既に高天原というところが存在していたことになっています。ここでの背景における高天原は銀河系をイメージしています。たしかに『日本書紀』とは全然スタンスが違っています。ここで言うと、『日本書紀』の天地創造は「旧約聖書」や中国の『史記』などに近い書き方だと思います。これは当時の正式な外交文書的なところから来ているのではないでしょうか。

そこで日本の独自性がある『古事記』の中からもう少し見ていくことにします。それは何かといいますと、「国生み」自体が創造主の仕事なのではないかということになります。先ほど、唯一「国生み」をしているのはイザナミであると定義づけました。たしかにイザナギの存在があって、神様を生んでいますが、ストーリー的にイザナミが黄泉の国へ行ったことによって、仕方なく記述されているように感じます。この場合特に「三貴神（子）」のアマテラスとスサノオがあくまで「母親（母が恋しくて泣き濡れている、イザナギが行って慰めていても父親的な態度で接しているなど）」というものを「イザナミ」であるとしていることからも窺えるのではないでしょうか。

また、イザナミ――創造主・宇宙内外を含む全体の主神――のあとアマテラス――和霊・日の神――とスサノオ――荒魂・風雨雷神――にまるで分割されたように思えます。そして、物語は基本としてこの二人の神を中心として進んでいきます。ただし、イザナギ――従神・宇宙の維持神――の化身としては、当然のようにツキヨミ――和霊・月の神・維持調整の神――が該当します。

それでは早速『古事記』の原文で確認しましょう。

別天神五柱

天地初發之時。於高天原成神名、天之御中主神【訓高下天云阿麻下此。】次高御產巣日神。次神產巣日神。此三柱神者、並獨神成坐而。隱身也。

次國稚如浮脂而。久羅下那洲多陀用幣流之時、【琉字以上十字以音。】如葦牙因萌騰之物而成神名、宇摩志阿斯訶備比古遲神【此神名以音。】次天之常立神【訓常云登許訓立云多知。】此二柱神亦、獨神成坐而、隱身也。

上件五柱神者。別天神。

（『古事記』原文より）

次に『古事記』の読み下し文で確認しましょう。

別天つ神五柱

天地初めて發けし時、高天の原に成れる神の名は、天之御中主神。次に高御産巣日神。次に神産巣日神。この三柱の神は、みな獨神と成りまして、身を隠したまひき。

次に國稚く浮きし脂の如くして、海月なす漂へる時、葦牙の如く萌え騰る物によりて成れる神の名は、宇摩志阿斯訶備比古遲神。次に天之常立神。この二柱の神もまた、獨神と成りまして、身を隠したまひき。

上の件の五柱の神は、別天つ神。

（『古事記』読下し文より）

それでは最後に『古事記』の現代語訳で確認しましょう。

宇宙の初め（別天つ神五柱）

宇宙の初め、天も地もいまだ混沌としていた時に、高天の原と呼ばれる天のいと高いところに、三柱の神が次々と現われた。初めに、天の中央にあって宇宙を統一する天御中主神（アメノミナカヌシノカミ）。次に、宇宙の生成をつかさどる高御産巣日神（タカミムスビノカミ）。および、同じく神産巣日神（カミムスビノカミ）。これらの神々は、みな配偶を持たぬ単独の神で、姿を見せることがなかった。

その後に、天と地とのけじめのつかぬ、形らしい形もないこの地上は、水に脂を浮かべたように漂うばかりで、あたかも海月が水中を流れ流れていくように頼りのないものであったが、そこに水辺の葦が春さきにいっせいに芽ぶいてくるように、萌え上がってゆくものがあった。この葦の芽のように天に萌え上がったものから、二柱の神が生まれた。初めは、宇麻志阿斯訶備比古遅神（ウマシアシカビヒコヂノカミ）、うるわしい葦の芽の天を指し登る勢いを示す男性神。次は天之常立神（アメノトコタチノカミ）で、永遠無窮の天そのものを神格化した神である。この二柱の神も配偶のない単独の神で、姿を見せることがなかった。

以上にあげた五柱の神は、地上に成った神とは別であって、これらは天神である。

（『古事記』 現代語訳より）

簡単に要約しますと、

宇宙のはじめ、天も地も混沌としていました。高天原に宇宙の統一を神格化するアメノミナカヌシ、続いて宇宙特に天の生成を神格化するタカムスビ、宇宙、特に地の生成を神格化するカミムスビが出て、この三神ともに独り神で姿を消したということです。

また、地上でも最初に葦の芽を神格化したウマシアシカビ、続いて永遠無窮なる天地の状態を神格化したアメノトコタチがでてきます。この二神ともに独り神で姿を消したのです。

この『古事記』の記載を見ますと、宇宙や地球の創世のことではなく、あくまで存在している状態を表現するための神々であるように考えられます。つまり、創造主が作ったあと、またはその状態を単に表しているのに過ぎないのです。

普通というか他の創造主の仕事内容を表している書物、特に『旧約聖書』などによると、はじめに神は天と地を創造された。地は形なく、むなしく、やみが淵のおもてにあり、神の霊が水のおもてをおおっていたとなっています。
神は「光あれ」と言われた。「水の間におおぞらがあって、水と水とを分けよ。」「天の下の水は一つ所に集まり、乾いた地が現れよ。」「地は青草と、種を持つ草と、種類に従って種のある実を結ぶ果樹とを地の上にはえさせよ。」（『旧約聖書』「創世記」より）
このようにして『旧約聖書』などにおいては、創造主である神は、次から次へと想像し、やがて地上においても国生みや植物・動物などを創造していくのが「創造主」となります。
それでは最初に『古事記』の原文で確認しましょう。

神世七代
次成神名。國之常立神【訓常立亦如上。】次豐雲上野神。此二柱神亦、獨神成坐而、隱身也。
次成神名、宇比地邇上神。次妹須比智邇去神。【此二神名以音。】次角杙神、次妹活杙神。【二柱】次意富斗能地神、次妹大斗乃辨神【此二神名亦以音。】次於母陀流神、次妹阿夜上訶志古泥神。【此二神名皆以音。】次伊邪那岐神、次妹伊邪那美神。【此二神名亦以智如上。】
上件自國之常立神以下、伊邪那美神以前、并稱神世七代。【上二柱獨神、各云一代。次雙十神、各合二神云一代也。】
（『古事記』　原文より）

次に『古事記』の読み下し文で確認しましょう。

神世七代
次に成れる神の名は、國之常立神。次に豐雲野神。この二柱の神もまた、獨神と成りまして、身を隱したまひき。
次に成れる神の名は、宇比地邇神、次に妹須比智邇神。次に角杙神、次に妹活杙神。次に意富斗能地神、次に妹大斗乃辨神。次に於母陀流神、次に妹阿夜訶志古泥神。次に伊邪那岐神。次に妹伊邪那美神。
　上の件の國之常立神以下、伊邪那美神以前を、幷せて神世七代といふ。
（『古事記』読下し文より）

最後に『古事記』の現代語訳で確認しましょう。

神世七代
以上の、天に現われた神々に対して、地においても次々と神々が現われた。脂のように漂っていたもののうちから、まず、国之常立神（クニノトコタチノカミ）、これは生まれるべき地を神格化した神である。次に豊雲野神（トヨクモノノカミ）、脂のようなものがしだいに凝りかたまり、広々とした沼のようになってゆくことを示している。この二柱の神も単独の神で、姿を見せることがなかった。

次に現われたのは、男神の宇比地邇神（ウヒヂニノカミ）と女神の須比智邇神（スヒヂニノカミ）、脂のように漂うもののうちから、潮と土とはしだいに分かたれて、ようやく砂や泥を混じえた沼となったことを示している。次に、男神の角杙神（ツノグヒノカミ）と女神の活杙神（イクグヒノカミ）、沼地の泥がしだいに固まり、角のように春芽が芽ぶいて育ってゆくことを示している。次に、男神の意富斗能地神（オホトノヂノカミ）と女神の大斗乃弁神（オホトノベノカミ）、すなわち広やかな大地がここに固まったことを示している。次に、男神の淤母陀流神（オモダルノカミ）、大地の表が不足なくととのったことを示し、女神の阿夜訶志古泥神（アヤカシコネノカミ）、この時に、「あやにかしこし」とあげた悦びの声を神格化したものである。次に現れたのは、男神の伊邪那岐神（イザナギノカミ）と女神の伊邪那美神（イザナミノカミ）、すなわち後に述べるように、互いに誘いあった神の意味である。

以上に述べたところのクニノトコタチノ神からイザナミノ神に至るまでを、「神世七代」と言う。これは最初の二柱の神はそれぞれ一代、男神女神ならんで現われた十柱は、それぞれ二神を合わせて一代とする計算である。

（『古事記』　現代語訳より）

簡単に要約しますと、

前段の方で「天神」のところで書いてあるように、生まれるべき地を神格化したクニノトコタチ、広々とした沼が生成する様子を神格化したトヨクモノが現れたのです。この二神ともに独り神で姿を消しています。たぶん、数字的意味合いも入っているのではないでしょうか。

そして続々と男女神が現れました。最初に潮と土に別れた様子を神格化した男神ウヒヂニと砂と泥が混ざった沼を神格化した女神スヒヂニ。次に角のような春芽が育っていることを神格化した男女神ツノグヒとイクグヒ、次に広大な大地が固まったことを神格化した男女神オホトノヂとオホトノベ。さらに大地が不足なく整ったことを神格化した男神オモダル、祝いの言葉を神格化した女神アヤカシコネ。

最後に夫婦神として男女が互いに誘う男神イザナギと女神イザナミが現れたのです。

ここでの内容は、地（地球上）におけるそれぞれの状況を表現し、その最後に夫婦となり、国生みをする二神の登場となります。この男女の結合――オスとメス・雌雄による生殖行動――による地球上の真理を明確化していることがよく理解できると思います。こうして、『古事記』本来の創造神（創造主）の記述へとなっていくわけなのです。

また、男女神についてはそれぞれ二柱で「一つ組の柱」に数えられています。このため地上の神様の合計としては、独り神二柱と五組の男女神五柱となるため、意図的に「七柱」ということになります。

続いては高天原の天神の命によりイザナギとイザナミの両神が地における国生みをしていくという箇所になります。ここでの記述だけを見たとしてもやはり「創造主」という方が天神では決してなくイザナギ・イザナミの二人の神であるということ。そして、男女神の結婚というものが引き続き物語としてありますので、女性神の「イザナミ」こそが正真正銘の「創造主」そのお方なのではないかと思います。

それでは最初に『古事記』の原文で確認しましょう。

国土修理固成
於是天神諸命以、詔伊邪那岐命、伊邪那美命、二柱神、修理固成是多陀用弊流之國、賜天沼矛而、言依賜也。故、二柱神立【訓立云多多志。】天浮橋而、指下其沼矛以畫者、鹽許々袁々呂々邇【此七字以音。】畫鳴【訓鳴云那志。】而、引上時、自其矛末垂落鹽之、累積、成嶋。是淤能碁呂嶋。【自淤以下四字以音。】

（『古事記』原文より）

次に『古事記』の読み下し文で確認しましょう。

伊邪那岐命と伊邪那美命
国土の修理固成
ここに天つ神諸の命もちて、伊邪那岐命、伊邪那美命、二柱の神に、「この漂へる國を修め理り固め成せ。」と詔りて、天の沼矛を賜ひて、言依さしたまひき。故、二柱の神、天の浮橋に立たして、その沼矛を指し下ろして書きたまへば、鹽こをろこをろに畫き鳴らして引上げたまふ時、その矛の末より垂り落つる鹽、累なり積もりて島と成りき。これ紵淤能碁呂島なり。

（『古事記』　読下し文より）

最後に『古事記』の現代語訳で確認しましょう。

伊邪那岐命と伊邪那美命

さて初めに宇宙に現われた三柱の天神は、この時、相談のうえ、伊邪那岐命（イザナギノミコト）と伊邪那美命（イザナミノミコト）との二柱の神に、次のような言葉を与えた。

「地上の有様を見るに、まだ脂のように漂っているばかりである。お前たちはかの国を、人の住めるように作り上げよ。」

このように命令して、天沼矛《あめのぬぼこ》という玉飾を施した美しい矛を授けた。国をつくるという重い役目を負わされたイザナギとイザナミの二柱の神は、天と地との間に懸けられた天浮橋《アメノウキハシ》の上に立ち、授けられた矛を、海の上に脂のように漂うものの中へ突き下ろして、ぐるぐると掻きまぜた。掻きまぜるにつれて、初めは水のように薄いものが、しだいに膏の煮かたまるように、こおろこおろと凝ってゆき、やがて海の水からその矛を引き上げると、矛の先を伝わって一滴一滴と潮がしたたり落ちた。そのしたたり落ちた潮が、しだいに積もりかたまってついに島となった。これを淤能碁呂島《オノゴロシマ》と呼ぶが、これは神々の生んだ島でなく、しぜんと凝りかたまってできた島という意味である。

（『古事記』　現代語訳より）

簡単に要約しますと、天沼矛という矛を持って天浮橋というところで海を「コオロコオロ」と掻き混ぜてオノコロ島ができた。いわゆる国生みする場所を作ったということになります。しかしながらこの島はカウントされていないということが大事なことになるものと思います。つまり、なくなってしまった「島」なのかもしれません。

こうして、この「島＝オノコロ島」に宮殿を立て、結婚することになります。

続いて最初に『古事記』の原文で確認しましょう。

二神結婚

其嶋天降坐而。見立天之御柱、見立八尋殿。於是問其妹伊邪那美命曰、汝身者如何成。答曰吾身者於成成不成合處一處在。爾伊邪那岐命詔。我身者。成成而成餘處一處在。故以此吾身成餘處、刺塞汝身不成合處而、爲生成國土。奈何。【訓生云宇牟。下效此。】伊邪那美命、答曰然善。爾伊邪那岐命詔、然者吾與汝行迴逢是天之御柱而、爲美斗能麻具波比。【此七字以音。】如此之期、乃詔、汝者自右迴逢、我者自左迴逢。約竟迴時、伊邪那美命、先言阿那邇夜志愛上袁登古袁、【此十字以音。下效此。】後伊邪那岐命、言阿那邇夜志愛上袁登賣袁、各言竟之後、告其妹曰、女人先言不良。雖然久美度邇【此四字以音。】興而生子、水蛭子。

此子者入葦船而流去。次生淡嶋。是亦不入子之例。

（『古事記』原文より）

次に『古事記』の読み下し文で確認しましょう。

二神の結婚

その島に天降りまして、天の御柱を見立て、八尋殿を見立てたまひき。ここにその妹伊邪那美命に問ひたまはく、「汝が身は如何か成れる。」ととひたまえば、「吾が身は、成り成りて成り合はざる處一處あり。」と答へたまひき。ここに伊邪那岐命詔りたまはく、「我が身は、成り成りて成り餘れる處一處あり。故、この吾が身の成り餘れる處をもちて、汝が身の成り合はざる處にさし塞ぎて、國土を生み成さむと以爲ふ。生むこと奈何。」とのりたまへば、伊邪那美命、「然善けむ。」と答へたまひき。ここに伊邪那岐命詔りたまひしく、「然らば吾と汝とこの天の御柱を行き廻り逢ひて、みとのまぐはひ爲む。」とのりたまひき。かく期りて、すなはち「汝は右より廻り逢へ、我は左より廻り逢はむ。」と詔りたまひ、約り竟へて廻る時、伊邪那美命、先に「あなにやし、えをとこを。」と言ひ、後に伊邪那岐命、「あなにやし、えをとめを。」と言ひ、各言ひ竟へし後、その妹に告げたまひしく、「女人先に言へるは良からす。」とつげたまひき。然れどもくみどに興して生める子は、水蛭子。この子は葦船に入れて流し去てき。次に淡島を生みき。こも亦、子の例には入れざりき。

（『古事記』読下し文より）

最後に『古事記』の現代語訳で確認しましょう。

二神の結婚

二柱の神はそこで天浮橋から、新しくできたこの島へと降ってみた。そこで地形を見届けて、ほどよいところに太い柱を立て、それを中心として八尋もある〔とても広い、の意。「八」は、「たくさんの」という意味で用いられる〕広い御殿を建てた。そのうえで、イザナギノ命は妻のイザナミ命に次のように尋ねた。

「お前の身体は、どのようにできているのか？」

「私の身体は、これでよいと思うほどにできていますが、ただ一ところだけ欠けて充分でないところがございます。」

こう女神は答えた。イザナギノ命がそれを聞いて言うには、

「私の身体も、これでよいと思うほどにできているが、ただ一ところ余分と思われるところがある。そこでどうだろう、私の身体の余分と思われるところを、お前の身体の欠けているところにさし入れて、国を生もうと思うのだが。」

「それは、よろしゅうございましょう。」

こうイザナミノ命も同意した。

「それでは私とお前とで、この中央の柱のまわりを両方から廻り、行き会ったところで夫婦のかためをしようではないか。」

このように約束を定めて、さらに男神が言うには、

「それならばお前は柱の右側から廻りなさい。私は左から廻ろう。」

約束がととのい、男女の神はいよいよ柱の右と左から廻り始めたが、その時にイザナミノ命が、まず、

「あなにやしえおとこを。」

ああ、なんという見目麗しい人でしょう、と感嘆した。

そのあとを追って、イザナギノ命が、

「あなにやしえおとめを。」

ああ、なんという見目麗しい乙女だろう、と感嘆した。

ともに声を上げてのちに、イザナギは妻なる女神に、

「女のほうが先にものを言ったのは、よくないしるしだ。」

こう叱言を言ったが、しかしそのまま寝所へはいってともに寝た。やがて生まれたのは骨のない水蛭にも似た醜い水蛭子だったので、この御子は、葦の葉を編んで作った葦船に入れて、流して棄ててしまった。次に生まれたのは淡島、これは軽んじ憎むという意味からつけられた名称であろう。この淡島も、御子のうちには数えない。


（『古事記』現代語訳より）

簡単に要約しますと、
天浮橋からできたばかりのオノコロ島へ行き、大きい柱（神を表現、オベリスクみたいなもの）を立

て大宮殿を作りました。そこでお互い男女の身体の特徴と違いを確認して結婚することにしました。しかしながら結婚の仕方が悪かったため生まれてきたのは、蛭《ひる》のようなヒルコ（水蛭子）とアワシマ（淡島）であったのです。

さて、ここからはどこにも書いていないことばかりになってしまうようです。今までの「根拠」というかエビデンス的なものがありません。私自身の「想像力」と「霊視能力」、そしてさらには「天使への質問」（一〇次元の天使であるウリエル）となります。

天の「高天原」についてはたぶん宇宙のどこかの星だろうということが推測されます。でも何も根拠がなく想像することさえ厳しい状況です。また、当然のように同じ『古事記』という書物の中においても時間を経る都度に場所が変化しているようです。

古代において天皇の日本語的発音は「スメラミコト」ということになっています。ここに一つの手がかりがあるように感じられます。「スメル」の尊ということであり、その一つ目は「統べる」つまり統治者＝皇帝・天の王ということになります。もう一つは「スバル」ということになります。これはみなさんもご存知の「昴《スバル》」という星の名前となります。

この「スバル」という星は、いわゆるプレアデス星団のことであり、現在世界中でも〈神または宇宙人と〉関連が深いと噂されているところとなります。たぶん当初においてはこの「スバル・プレアデス星雲」から神に近い存在がやってきたのではないでしょうか。

このことは、私自身の「霊視」と「一〇次元の天使（ウリエルまたはアリエル）」にお聞きした内容においてでも概ね一致しています。

「地」＝地上ということについては、ほとんどの方々も同様な意見となる「地球」ということだと思います。ある状況・条件によっては太陽系とも理解できるところもあります。

それでは「天浮橋にて二柱が行う。」とある「天浮橋」とはなんでしょうか。

たぶん、天である宇宙でもないし地である地球でもないということになりそうです。なかなかイメージが出てこない箇所になるようです。この記述箇所よりだいぶ後になりますが、交通の神として出てくる「天鳥船」があります。漢字で意味を理解しますと、天＝空を「鳥《トリ》」のように飛んでいく船または円盤（ＵＦＯ）のような交通輸送機関となるようです。

簡単に言いますと、飛行機または宇宙船ということでしょう。この「天鳥船」がとどまるような施設といえば、空港それも空中エアポートまたは空中（サテライト）ステーションとなるのではないでしょうか。つまり天空・空中というかスペースポートまたはカプセル形状で良いのではないかと思います。

その次に「天沼矛」ということになります。イザナギ・イザナミの夫婦神はこの矛を使用して海の中をかき混ぜ、国生みではありませんが、大きな「島」を作ったようです。

『旧約聖書』的に言いますと、「天の下の水は一つ所に集まり、乾いた地が現れよ。」こうすることにより「空の上にある雲」および「大地」並びに「海」ができたことになります。そのようなものを具体的にするためには科学技術を駆使した「地球の大地建設用機械（巨大なクレーンとか）または工具（ツール）」としてのもの・存在が「天沼矛」の正体ではないかと思っています。

そして、「国生み」の範疇外となっている「オノコロ島」というのは、前の文章で推定しているように、今現在存在していない土地としての「ムー大陸」そのものではないかと考えています。その「巨大な大陸というか島」に降り立ってすぐに「太い柱」を立てています。これは現在の神道においても、また、古代エジプトにおいてもあったように「神そのもの」を指すものであり、御神木、オベリスクというものです。ちなみに神を柱と数えるのもここからです。

ムー大陸での巨大な神殿、あるいは「帝都」というものはかなりすごいものであったと思います。そしてここの大宮殿において、イザナギ・イザナミの男女神は夫婦となるためお互いに「誘《いざ》ない」・恋をしてお互いを知り合うこと——つまり、男女の身体的な相違点を確認し、雌雄または男女の生殖活動・行動を含む＝「愛」——になるのです。ここで古代の日本でも行われたかと思いますが、御神木を回って結婚するということになります。

ただ残念ながら、現在日本での結婚式においてはこのような風習・慣習は残っていません。しかし現在のイスラエル民族の一部においては実際行われているということです。

●「イザナミからイザナギに声をかけて子供が生まれる」

このことは、二つの意味において重要であると認識しています。

一　「子供が生まれる」

古代日本の『古事記』の記載事項においては、生むとか生みというのは、イザナミもしくはイザナミが死んだあとのイザナギだけであり、また、イザナミの子として自称しているアマテラスやスサノオにおいても「ウケイによる生み」に限定されているのです（分割は別の意味になります）。このことは、暗にイザナミが本来の創造主≒神であるということを証明しているのではないかと思います。実際このことについては、別の章でも明らかにしていきたいと思います。

二「イザナミから声をかける」

本来何も問題がないという前提条件であれば、「イザナミ」が「イザナギ」より上位者である（真実の創造主、メインの神様）という理由になります。ただ、男性優位社会またはイザナミ本人が隠れる必要性が二つほどあるための記述となっている可能性があります。

その一つ目は、創造主である神が物語を作るのではなく、その様子を見たいのであり（宇宙創造にまつわるいろいろな神並びに人々の物語を臨場感覚でリアルに楽しみたいため）、このために和魂と荒魂の化身（アマテラスとスサノオ）を作ったということです。

つまり、実際に動く神（十一次元の大天使など）としてそれぞれの「パート」に分けて演出していきたいということになるようです。

次に二つ目は、ムー大陸以外の場所においても活躍の場を広げたい、もしくは違うバージョンにおける物語を楽しみたいため（臨場感あふれる劇場観賞）。これは特に「神の七日間の計画」となり、『旧約聖書』における最も重要な事項（旧約聖書を作成した根本理由そのものである）となっています。

このためどうしても「創造主」であることを「秘密」、または「隠しておきたい」という事柄が出てくるようです。ここで、『古事記』における記述の中では最初から修正して創造主自体を隠蔽することに成功しています。また、大体においてスサノオの「根堅洲国（闇の国または地獄等）」への旅立ちまでが、ムー大陸の物語であり、それ以降は日本列島及び中国大陸周辺（斉）の物語に変化しているように考えられます。ただし、シュメール（スメル）および上エジプトならびにインド等の主要事項が挿入されているようです。

●「プレ人類（プレ・アダム）」という記述

今まで『古事記』と『日本書紀』に関して、「天皇神話と世界認識」の内容がメインであるため、どうしても一般・普通の人々というか国民・日本人の存在記述が極めて少なかったように思えて仕方がありませんでした。

ところがよくよく見ていきますと、いろいろな場面で「人間」というものを書いているようです。ただし、それは地球の歴史約四五億年のなかにあるのです。

水が豊富にある惑星という「地球」——漢字の意義通りでは水球が適切——は、神・創造主であるイザナミが太陽系の綺麗さ、特に地球の美しさに惚れていたのです。その象徴・シンボルというべき「海」の中から無数の生命を育んできたのです。他の惑星と比較して、大量すぎる「水」はそれこそ天上の水としての雲海、中の水として地上における大小さまざまな河川および沼・池・湖、下の水としての大海が存在しているのです。

地球生命推進プロジェクトリーダー（太陽系開発総責任者）としてのイザナギが「ＲＮＡやＤＮＡ」

を作り出し、そして「ソマチット」という極小単位の生命体を生み出し、基本となる「菌」などから次から次へと無数の「植物」「動物」が出てきたのです。それらを一つ一つ地球環境に合わせて育て育成し、最終的には、神・創造主の一部である「魂」が入り、この三次元の世界における「教育・修行用」として「魂のカプセル・容器、つまり人間の肉体…これは学生服・道場における道着?」を作り出してきたのです。

基本的にイザナギがアフリカ大陸にいたチンパンジー、特にピグミー・チンパンジーを捕まえて太平洋の海原であるムー大陸につれてきました。そこでDNA=デオキシリボ核酸（A「アデニン」、T「チミン」、G「グアニン」、C「シトシン」）遺伝子情報操作により改造して作ったのが地球の人間（当初はプレ・アダムということでピグミー族などに当たります）なのです。

具体的にはピグミー・チンパンジーの幼児形化=ネオテニー（幼形成熟）です。つまりここでは、頭蓋骨などからも確認できるように、チンパンジーの幼児期は人間と同じ形の頭蓋骨になっているということです。大人のピグミー・チンパンジーなどは全然違う形（急激な下あごの突き出し、つまりオトガイの巨大化）へと変化しているのです。

このため遺伝子の本数がピグミー・チンパンジーなどの猿48本から人間の46本に減少している理由なのです。そのほかにも「チンパンジーと人間の違い」がいくつかあります。

・人の脳はチンパンジーなどが三歳児程度・約二年ぐらいで成長が停止するのに対して、出生以後も長く成長し続けるのです。具体的には肉体発育と同程度の二〇～二五歳となっています。ここで面白いのは、人間の乳幼児よりもチンパンジーの小猿のほうが知育レベルが上になる場合があるのです。特に、パズル・ゲームとか意思疎通においては格差が生じるようです。

・人の成長速度は他と比較して遅延している。↓適応能力の柔軟性のためではないか。

・大脳発達による頭デッカチのため、超未熟児出産となっている。いわゆる女性器の限度いっぱいということであり、自然分娩の限界になっているようです。「帝王切開出産」は自然界においてありえないことだったからです。そしてこの頭蓋骨の特徴は、北京原人やネアンデルタール人とも違っているということも現生人類＝クロマニヨン人の大きな特徴です。

・基本的には「体毛」が異常に少ないということです。たまに体毛がものすごく濃い人も存在していますが、チンパンジーやゴリラのような「毛」の人はいないと思います。たぶん、「神に似せた」ためなのではないでしょうか。

・人間の頭部の毛、つまり髪の毛と髭などについては一生伸び続けるというものがあります。似たようなものには手と足の爪も一生伸び続けます。このことは基本的に普通の動物では起こりえないことです。つまり一定まで伸びると成長がとまってしまうということです。こちらのほうがよっぽど自然環境に合致していますし、合理的な状態になっています。本当に人間は「幼児化」のまま成長し続けるようなのです。

・人間の大脳、特に前頭葉に整合するかのように「顔」および「手」と「足」の指が変化しています。これは「ペンフィールド」という脳と身体器官との相関図などにおいても理解できると思います。一番目立っているのは、手の親指です。決定的に道具などのツールを使用するために特化しているものなのです。ほかの動物には見られませんし、チンパンジーなどと比較すると発達している状況がよく確認されると思います。

・チンパンジーと違って「尻尾」がないということです。確かにお母さんのおなかの中において、つまり「胎児」の初期段階には尻尾らしきものがありますが、基本的には尾骨以外存在していません。これもたぶん「神に似せた」ためでしょう。

・アフリカの旧大陸のチンパンジーやゴリラには必ず「レトロウイルス」等があるのに対して、すべて地球に存在している人類はアフリカも含めてこのウイルスを保持していません。RNAでには「レトロウイルスM7」として存在しているものなのです。しかしこのウイルスは人類DNAの中にはすべてにおいて存在していないのです。

もっと面白いことに、アジア地域の「猿」つまりオランウータンとかテナガザルとかニホンザルとかにおいて全くこの「ウイルス」は存在していません。つまりこのウイルスは「アフリカの中でかつ一定時期に拡散したもの」としか考えられないのです。ここでまっとうな考え方をするならば、人類の起源は「アフリカ以外」ということです。最低限、今いる現生人類というものの発生した場所は、絶対にアフリカ以外であり、一番可能性があるのは「アジア」地域だということなのです。普通に考えても多くの「人の祖先」の一部がアジアで見つかっているのに、なぜかアングロサクソンは見えないし聞く耳も持っていないかのようです。とても不思議なことです。同じ欧州人ながらもフランク（仏・独）系には頑張ってもらいたいものです。

・なぜ通常のゴリラやチンパンジーではなく、ピグミー・チンパンジーなのかといいますと、身

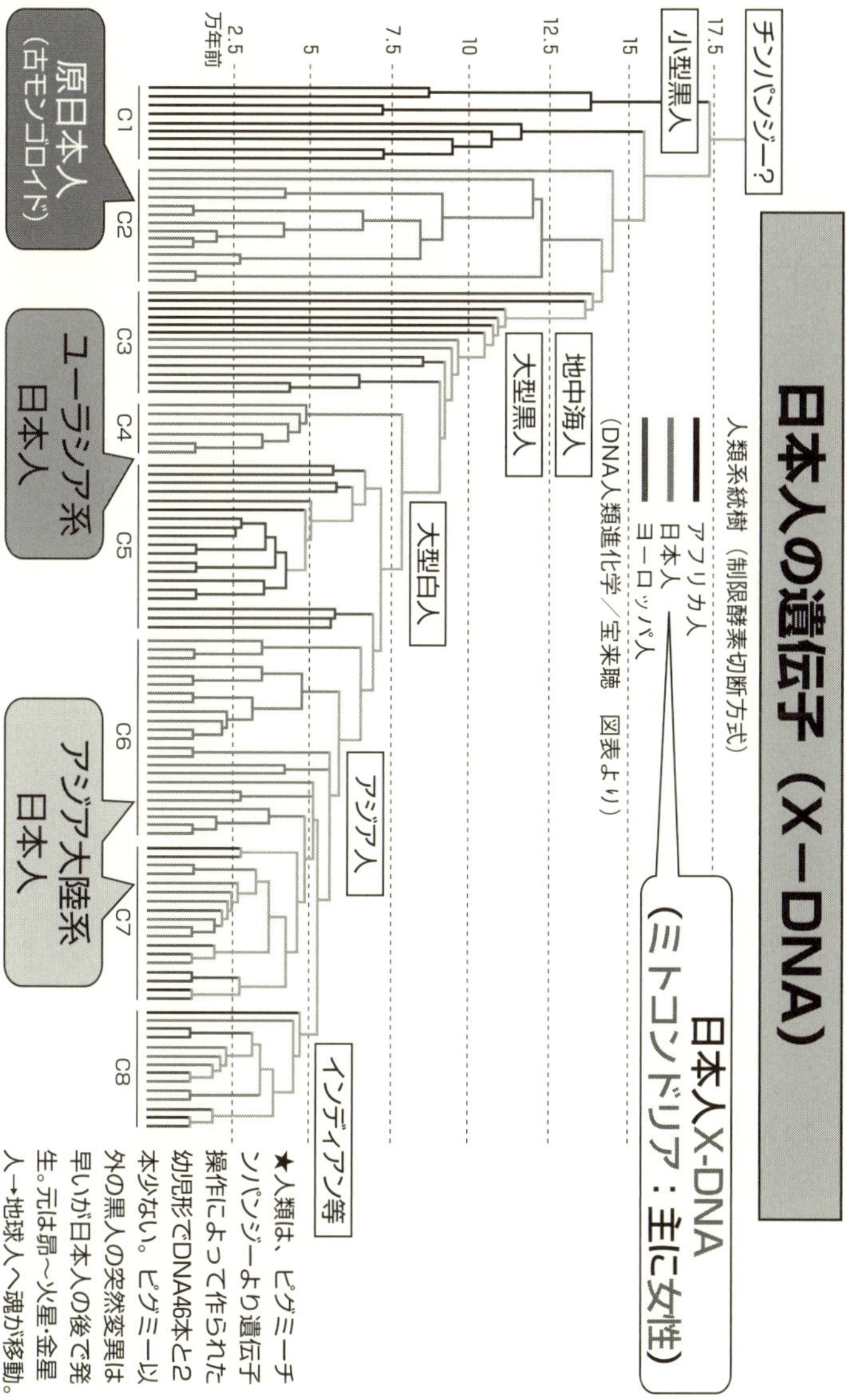
日本人の遺伝子（X－DNA）
人類系統樹（制限酵素切断方式）
アフリカ人
日本人
ヨーロッパ人
（DNA人類進化学／宝来聰　図表より）
日本人X-DNA（ミトコンドリア：主に女性）
チンパンジー？
小型黒人
地中海人
大型黒人
大型白人
アジア人
インディアン等
17.5
15
12.5
10
7.5
5
2.5
万年前
C1
C2
C3
C4
C5
C6
C7
C8
原日本人（古モンゴロイド）
ユーラシア系日本人
アジア大陸系日本人
★人類は、ピグミーチンパンジーより遺伝子操作によって作られた幼児形でDNA46本と2本少ない。ピグミー以外の黒人の突然変異は早いが日本人の後で発生。元は昴～火星・金星人→地球人へ魂が移動。

長とか体長の大きさに起因しているようです。また、神に似せたからでしょうか。

ただ黒人種においては、最も地球環境に合致しているため、分子時計が簡単にかつ早く起きる傾向にあります。これは「蛋白質のアミノ酸配列」と呼ばれているものです。よく民族別の時間基準、特に古い新しいとかのモデルとして考えられているものです。しかしながら、民族とか遺伝子情報の古さという「系統樹」で考えるのならば、ベースから出て離れれば離れるほど新しいというのがベーシックな考え方になるはずです。

学問的に当初からこの遺伝子上の系統樹の真ん中は「古モンゴロイド」のみであるという事実を忘れないでほしいのです。今現在流行している英米のアングロサクソン諸国発の「人類アフリカ起源説」というものはまやかし（嘘？）そのものであると考えられます。たしかに黒人種の配列の多様性が目を引きますが、あくまでも「分子時計」の速度がすべての人類共通（一定）という仮説にしか基づいていないということを知ってほしいのです。

イザナギの地球創造はわりあい早期に開発進行し、「魂」の次元上昇が終了してしまった両隣の「金星」（スサノオが開発責任者、ただしヴィーナス）と「火星」（アマテラスが開発責任者、ただしマース）などと違いました。他と比較して地球環境のゆっくりとしたスピードに合わせたのです。ちなみに「月」の存在意義は地球環境（天変地異及び人間感情操作を含む）を制御・コントロールするものであり、その開発および維持運営責任者は皆さんの予想どおりにツキヨミ（イザナギが兼務していますが…）となります。

地球プロジェクトはこのため当然幾多の試行錯誤と長時間の経過をたどります。その生物、特に動物の中からヒルコとアワシマが生まれてきたのです。

一　ヒルコ…もともとは、長期間地球上生物の頂点を極めていた「恐竜」から誕生してきたものです。あんまり時間をかけていたため、金星・火星のアセッション時期とイザナギが忙しくてちょうど目を離しているときが重なっていたようです。このタイミングで恐竜族の一部ヒルコが超進化を遂げて人間型に近くなり次元上昇してしまったのです。

その後は、高度文明を築き地球外へと旅立ち、シリウスへと出て行ったのです。因縁なのかもしれませんが、恐竜絶滅後再び霊体となって地球へと帰還したのです。宇宙「シリウス」から戻ってきたヒルコたちは、自分たちの祖先や仲間である「恐竜」のほとんどが絶滅してしまったことを目の当たりにしたのです。一部はトカゲ類とか鳥類として残っていましたが、本体の大部分が消えてしまったことに驚愕したのです。それも「イザナギ」神が人類を作って邪魔であった恐竜を消したためと受け取ったのです。ここでヒルコは「悪魔的なもの」に変わり、アトランティスを作り「ムー」に対抗していくのです。なお、このアトランティス人は、自分たちの「霊体」などを入れるために、地球環境に合う人間を遺伝子操作により作り出しました。それは主として「ゴリラ」から、一部はその他の動物から作り出しているようです。このため、人間のＤＮＡの一部はチンパンジーだけではなく、必ずゴリラの系統も約十パーセント混じっていると考えられます。いわゆる半獣半人と伝説的に言われている存在です。その後、ムーとの戦争により最初は勝利しましたが、事後徐々にアトランティス大陸を沈没させられたため旧大陸へと移動しました。これは、ヨーロッパの西側地域とアフリカの北側になります。

このとき人種的に少なかったことと旧大陸に合致する人づくりのため「遊牧スキタイなど」から「初期型アーリア人」をつくっています。そして、大部分が大掛かりに生き残ったムー人――中縄文人＝シュメールなどのメソポタミア人、東縄文人＝スキタイヨーロッパ人（ザクセン人またはフランク人）・スキタイアジア人（北インド人）など、西縄文人＝中国大陸全域の東アジア人・ネイティブ南北アメリカ人。プラスアルファとして中縄文人と東縄文人の混血部族がいます。鉄を発明・発見したヒッタイト人（『旧約聖書』ではヘテ人）です。後にはギリシャ人などにトロイ戦争で敗戦したガラテア人またはケルト・ガリア（フランク化）・ブルトン人の大部分に当たります――に対する反抗を継続しているのです。

つまり極めて地球環境に合致したヒルコが龍蛇族（龍神族）＝アトランティス人なのです。この地球上においては二番目に誕生した人種です。しかしながら本来的には、恐竜の一部になりますから、最初に誕生したことになります。このため「ヒルコは海に流された」と記述されたのです。ここで「海」という場所についての時期的な解釈ですが、当初の場所としては「宇宙」でありシリウスのこととなります。その後は、「大西洋」としてのアトランティス大陸ということです。

二　淡島…丹念に作り上げてきた動物の中から、哺乳類である類猿人のピグミー・チンパンジーを選び、DNA遺伝子操作により作り出された少数人種で、よくプレ・アダム人と呼ばれる一番最

人類と猿の融合？

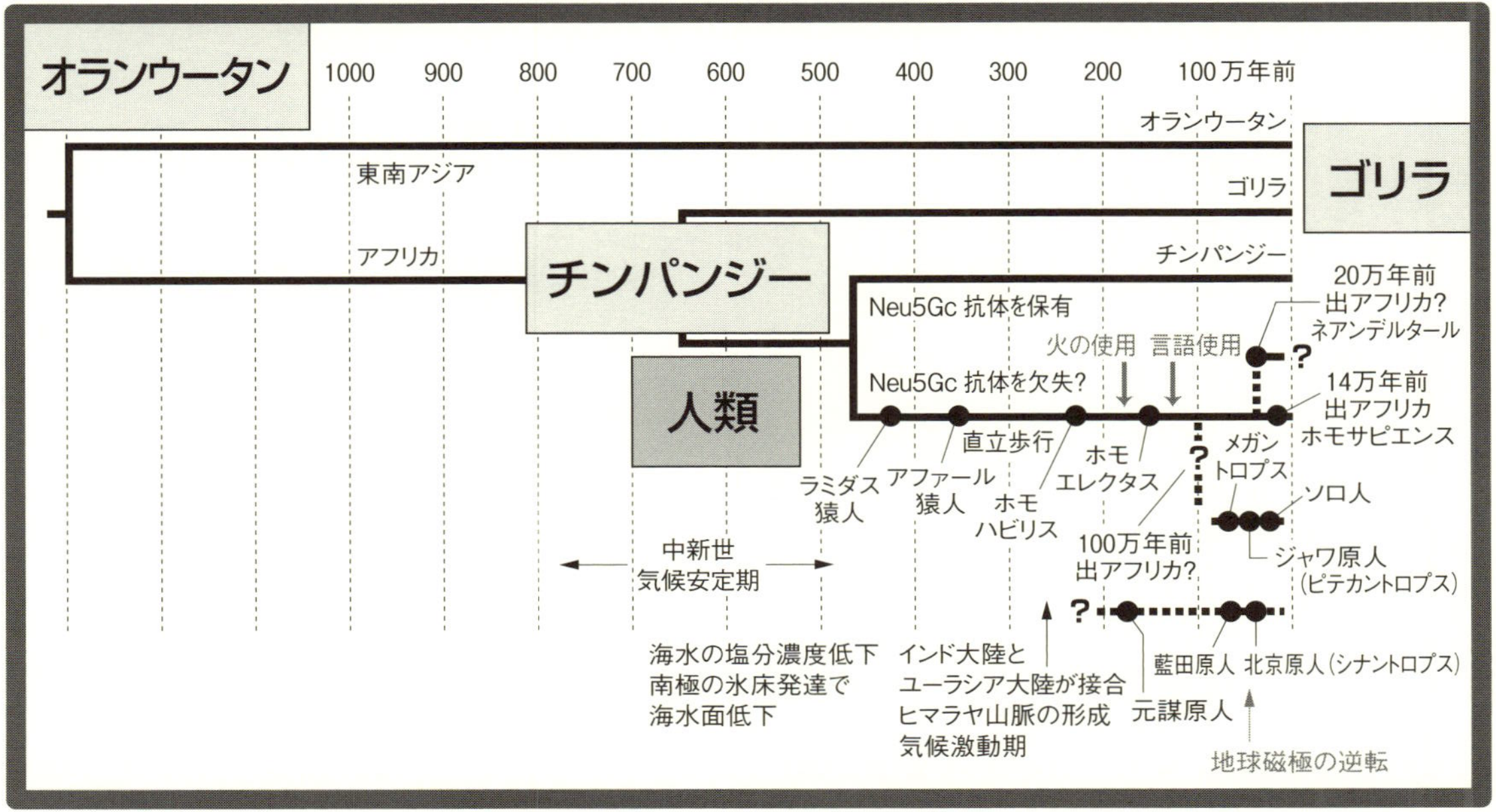
オランウータン
1000
900
800
700
600
500
400
300
200
100万年前
オランウータン
ゴリラ
東南アジア
ゴリラ
アフリカ
チンパンジー
チンパンジー
20万年前
出アフリカ?
ネアンデルタール
Neu5Gc 抗体を保有
火の使用
言語使用
人類
Neu5Gc 抗体を欠失?
14万年前
出アフリカ
ホモサピエンス
直立歩行
ホモ
エレクタス
メガン
トロプス
ラミダス
猿人
アファール
猿人
ホモ
ハビリス
ソロ人
100万年前
出アフリカ?
ジャワ原人
(ピテカントロプス)
中新世
気候安定期
海水の塩分濃度低下
南極の氷床発達で
海水面低下
インド大陸と
ユーラシア大陸が接合
ヒマラヤ山脈の形成
気候激動期
藍田原人
北京原人(シナントロプス)
元謀原人
地球磁極の逆転

初に誕生した人種です。このため「軽んじられた」と記述されました。

通常アジア・アフリカ地域に散在するピグミー族などです。DNA遺伝子などによりその存在は容易に確認できます。ただし現在のピグミー族等の部族においては、現代人との混血が極めて多く、このため数万年前から通常のアダムの子孫という考え方で問題ありません。あくまでも「プレ・アダム」としての期間はそれほど長くなかったと考えられます。また以前、このことに関しては、「霊界」に行っても確認することができました。つまり「プレ・アダム」の人々の魂が半人的に霊界の天国（五次元）の一部に存在していたということです。たぶん、今も霊界に存在しているかもしれませんね。

この後、金星と火星の一部の魂が挿入できるように改良してできたのが「古モンゴロイド（黄色系縄文人と白色系縄文人）」、つまり最初の「ムー人」だったのです。

ただ、できたムー人のあとに創造主イザナミが人数不足（約一〇万人だった）という理由で「五色人」を一瞬にして約百万人単位で作っています。この「五色人」については竹内文書などの古文書の中や九州地方の神社などにもよく登場しているようです。古モンゴロイドつまり縄文人以外の人々ということになります。この五色人の特色として種族的には「黄、白、赤、青、黒」ということになり、ちょうど紫外線・肌的な問題もあり地域区分されていたようです。

ここで面白いのは、「黄白縄文人」と「プレ・アダムの黒人」と重複するように「黄・白・黒人」が存在しているということです。このことがDNA遺伝子的な問題や、歴史時間的な古さの問題に対して微妙に絡まりあっているため、判別するのが難しく、さらにさまざまな不明部分を増加させていることになっています。たぶん、このほうがミステリアスであり面白くなってくる原因なのではないでしょうか。神・創造主はいろいろなことを隠していますす、そしてこの「謎」を解いてもらうこと、できれば数学的な科学的な見地から解明してもらうことを最も楽しみにしているようなのです。そう「神」の知恵を解いて知ってもらいたいのです。たぶん「人間」ならできると思います。今「神」つまり創造主（イザナミ）はこの謎解きを「ワクワク・ドキドキ」しながら、まるで夢見る少女のように期待して楽しみに待っているのです。皆さん、頑張ってください。

この二つの子供は、生んだ子供としてカウントしない（数えない→数字的な意味合いがあるため）といって、この後に国生みが始まるのです。

最後にそれぞれの役割をもう一度再確認しておきます。

・イザナミは、次の役割を持ちます。
「創造神」「宇宙生成の神」「海の神」「黄泉の神」「製鉄の神（産業の神）**」**
・イザナギは、次の役割を持ちます。
「宇宙・世界をコントロール（維持、運営）**する神」**
・イザナミ（イメージ的にはイザナミも含む）から生まれた神（子供）たち「三貴神（子）＝アマテラス（日）・ツキヨミ（月）・スサノオ（海）」は、次の役割を持っています。

○ イザナミがもつ兼務のイメージ

・六：四＝アマテラス（陽の部分）：スサノオ（陰の部分）
・アマテラスは「六の比率」で光の部分、創造など陽あるいは夢・希望の部分です。
・スサノオは「四の比率」で宇宙を計画的に破壊して次に進む（一部創造的な）陰あるいは壁・試練の部分。言い方を換えると最も大切な勉強・修行の部分となります。
・この二つを交互にやっていますが、相対的にはイザナミがすべてであり、「創造主」なのです。

○ 次元（霊界）のイメージ

・一二次元は神の世界であり、「神そのもの」といった表現になります。当然ここは、イザナミとイザナギしか存在しないところなのです。
・一一次元は大天使または実行神のいるところであり、行動が容易なところです。アマテラス、スサノオ、ツキヨミとして具体的任務・ミッションを持ち、行動する神が出てくるところになります。ここが極めて重要なポイントになっています。「神の意思」を具現・具体化する「処」あるいは今回における「神の七日間計画」の司令・指揮所的な「場」です。
・一〇次元以下は、大宇宙～宇宙球・宇宙～銀河系……太陽系・地球（三次元）
・イザナミとイザナギのパワー的（神力）な比率は、特にないのですが、イメージとしては五（通常時においてです。本当は、無限大になります。）：二でもよいかと思います。

・イザナミ及びイザナギのパワー的な比率を一一次元の比率に換算すると三：二：二＝アマテラス：スサノオ：ツキヨミとなります。いわゆる五（三＋二で）：二となるようです。本来アマテラスとスサノオは一卵性双生児であり、同等レベルだったのですが、「神聖」つまり本来の「神の意思」がアマテラスと一体化しているため、このようなパワーバランスとなっています。たしかに、「陰陽」といっても「陽」の部分が目立ちますので、当然の帰結なのかもしれません。つまり「陽」があっての「陰」であり、「光」があっての「影」なのでしょう。

○類似するインド（天竺）宗教など

このことは、インド神話のバラモン教でも同じであるようです。

・ブラフマン（バラモン）＝創造神（イザナミ・ヤハウエ）＝アマテラス（大天使ミカエル）
・ビシュヌ神＝宇宙の維持・繁栄・コントロール（イザナギ）＝ツキヨミ
・シバ神＝宇宙の破壊と創造（イザナミ）＝スサノオ（大天使ガブリエル）

現在のインドにおけるヒンズー教においては、いつの間にか「ブラフマン」がいなくなっています。これはブラフマンの担当地域が西側（本来はメソポタミアと地中海と欧州地域、後にヨーロッパの中でもフランク王国だった地域）であるためと考えられます。

このため本来中央アジアと南アジア地域などの中央地域が担当であるビシュヌ神がインドで一番上の神様になっています。つまりシバ神より上になっています。なお、人気面では二分状態のようです。当然このようなことは仏教の中にも取り入れられています。

次にシバ神についてです。本来の担当地域は東と海原になります。実はムー大陸と東・極東アジアにおいてはメイン・主役になるのです。だから中国大陸の「黄帝」であり、縄文日本とムー大陸での「スサノオ」であるということなのです。ただ「アマテラス」と一心同体の双生児であるために「スサノオ」が借り出されている状況なのです。このため西側において「大天使ガブリエル」として登場しています。特に、現在の東欧地域（アジア系、ハンガリー人およびロシア人などのヨーロッパ系スラブ民族等）とイスラム教地域においては「神」を補佐するメインとしての役割も有しています。また、中央のインド地域においても多神教ながら、ビシュヌ神だけですと盛り上がらないためなのか、悪役的なシバ神としてサポートするような形になっています。

次にインド発祥の仏教特に大乗仏教の密教関連についてです。

・大日如来＝創造神（イザナミ）＝アマテラス↓ビルシャナ仏

・観世音菩薩＝宇宙の維持・繁栄・コントロール（イザナギ）＝ツキヨミ

・不動明王＝宇宙の破壊と創造（イザナミ）＝スサノオ↓また、状況に応じて七福神の一人である大黒様も兼務しているようです。別名といっても問題がありません。

本当にスサノオの別名がものすごくたくさんあるため、大きな混乱を引き起こしているという現状もあります。しかしながらそのようなことを一つ一つずつ解明しながら進んでいくしか方法が見当たらないのが実情です。もし良い「情報」がありましたら連絡をいただきたいほどですし、お待ちしております。

第四節　『古事記』でみる数字の暗号

●『古事記』から読み取れる神の構成（推測を含む）

（一）一神　伊邪那美《イザナミ》神…真実の創造主

（二）二神　伊邪那岐《イザナギ》神と伊邪那美《イザナミ》神…夫婦神

（三）三神（別天津《コトアマツ》神）…独神

・天之御中主《アメノミナカヌシ》神…高天原の中心の神

・高御産巣日《タカミムスビ》神…天津神の守護神（生成力の神格化）

・神産巣日《カミムスビ》神…国津神の守護神（生成力の神格化）

（四）五神（五柱）……独神

・上記「三神」

・宇摩志阿斯訶備比古遅《ウマシアシカビヒコヂ》神

・天之常立《アメノトコタチ》神

（五）神世七神（神世七代「カミヨナナヨ」）

・国之常立《クニノトコタチ》神……独神、国土の根源神

・豊雲野《トヨクモノ》神……独神

・宇比地邇《ウヒヂニ》神と妹須比智邇《スヒヂニ》神……兄妹神

・角杙《ツノグヒ》神と妹活杙《イクグヒ》神……兄妹神
・意富斗能地《オホトノヂ》神と妹大斗乃辨《オホトノベ》神……兄妹神
・於母陀流《オモダル》神と妹阿夜訶志古泥《アヤカシコネ》神……兄妹神
・伊邪那岐《イザナギ》神と伊邪那美《イザナミ》神……男女の神、夫婦神

●隠された数字の暗号

神の構成を数字で考察すると、一、二、三、五、七が表れており、これで宇宙を組み立てていることになります。

ここで大事なことは、数字です。本当に神は数字というものを重視されています。つまり宇宙のすべての法則と意志が「数字」に隠されているといっても過言ではありません。

すなわち、一＋二＋三＋五＋七＝十八となり、十八＝六＋六＋六となることです。

ゲマトリアの基本素数は、つぎのとおりになっています。

「一：意志」「二：感情」「三：思考」「五：感覚」「七：直感」

また、若干ゲマトリア数字とリンクしていないかもしれませんが、重要な数字があります。「陽」であり「神」の数字である「五」及び重要な「七」と「十二（一二）」があります。そして「陰」の数字「四＝五ひく一」及び重要な「六＝七ひく一」と「十一（一一）＝十二ひく一」があります。

もう一つ「騙し」の数字「十三＝十二たす一」と「六＝五たす一」（重複している）及び良い騙し数字の「八＝七たす一」が存在しているのです。

次にこの「六」という数字をよく理解していただきたいのです。それはこの宇宙の中での物理的現象の基本となっているからです。「魂」というものは本来、六次元以上の存在であり、それは光明の仮称となりますが、「光元粒子」でできています。これは当然に「神」も同じであり、「魂」が神の一部・分御霊・分霊・カケラだからこそです。この「光元粒子」が光明の仮称ですが、「宇宙エネルギー粒子」となっていきます。

これは電気的にはどちらかというと「プラズマ」的なものに近い存在となります。この「宇宙エネルギー粒子」が大宇宙や宇宙球（宇宙）などの組成と同じものとなっているのです。つまりここからほとんど無尽蔵のエネルギーを獲得することができるのです。

最後にこの「宇宙エネルギー粒子」が物質界の基となる「クォークや電子」となり、やがて「クォーク」などが「陽子」や「中性子」となっていくのです。ここでようやく「原子」が完成されて出てくるというわけなのです。この「原子」がいろいろな原子および分子に変化していくことによって「太陽系」が構成されているといっても過言ではありません。ここで特に温度などを考えずとも（地球上の人間が生活できる範囲での常温でも）莫大なエネルギーが存在しているということになります。

それは、陽子と中性子と電子との相互関連から巨大なエネルギーが発生しているからです。簡単に言うと地球の周りは無尽蔵のエネルギーに囲まれているということです。これは現在の消費するだけでとても非効率、そして高価格な化石燃料によるエネルギーとは異なり、自由かつ無尽蔵な「フリーエネルギー」といっても良いかと思っています。

また、人間の目に見えない極小の世界である「原子構造」が、大きすぎて人間の目に見えにくい極大な世界である「太陽系構造」と相似形をなしていることにも気づくのかもしれません。たしかにどちらも人間の目に見えることはないようです。原子番号「8」の酸素というものは面白い性格があります。電子の数は八個ですが、一重の輪は電子二個であり二重の輪は電子「六」個となっています。もともと地球の大気は「窒素（原子番号7）」がほとんどであったのが、強力な活性酸素、つまり普通の生物にとって毒である酸素が増え、今では大体「八対二」の割合の大気になっています。

この毒である酸素の出現によって地球環境が一変したといわれています。そして太陽系の形についてです。冥王星の問題、つまり惑星にカウントするかどうかなのですが、今ではカウントしない方向に決定しているようです。つまり恒星である太陽を中心に八個の惑星が取り巻いているというのが太陽系の形なのです。

ここで何を言いたいかと申しますと、太陽系と原子番号8である酸素に何かしらの関係があるということです。人間の体の約七割以上は「水」です。その水は水素と酸素によってできています。また体内の細胞にあるミトコンドリアは酸素がなければ簡単に死んでしまいます。このため人間も酸素がなければ死んでしまうということなのです。人間と酸素の関係は本当に面白いようです。このようにして考えてみれば、「二＋六＝八」についても意義があると思います、特に「六」です。

私光明は、「魂」の形からとった「六輪光」というシンボルを使っています。これはまさに人間の中にある「魂」を直接見たものなのです。今ではデジタルカメラの技術がとても発達していますので、結構普通に人間とともに写っていることもあります。ですから全く「霊感」のない人でもデジカメ写真に写っている「魂」を見ることができます。ぜひとも皆さんにチェックしてもらいたいと思っています。

この「六」という数字こそが新技術を開く「鍵」となっています。ちなみにこの「六」を応用すると「水」が燃えます。そして、「水」を石油などのガソリンと同じように車などの燃料にすることが可能です。実際にこのような「新技術」が日本、そして世界にも存在しています。ちょっとした発想の転換から、現在のニュートン力学の世界から量子力学の世界へと発展していくことが可能なのです。当然、今現在ある技術でできているのですからね。

これらについてはとても重要なので今後、別の機会を捉えて詳細に明らかにしていきたいと思っています。

それでは次に詳しくゲマトリアについて考えてみましょう。

ゲマトリアとは、ヘブライ語およびヘブライ文字の数秘術であり、聖書の言葉に隠された意味を読み解く神秘主義思想カバラの一部をなすものです。

そして、ヘブライ語、ギリシャ語では、アルファベットは数字としての意味も持っていますから、単語もまたある一定の数値を持ちます。単語を構成するアルファベットを、それぞれ数値に換算して、それらをすべて足したものを「ゲマトリア」というのです。

たとえば、キリストはサタンを「偽りの父」（ヨハネ八―四四）と呼んだが、この「父」のギリシ

権力構造システムの再構築（イメージ）

ピラミッド垂直構造

※「3」と「4」で「7」？

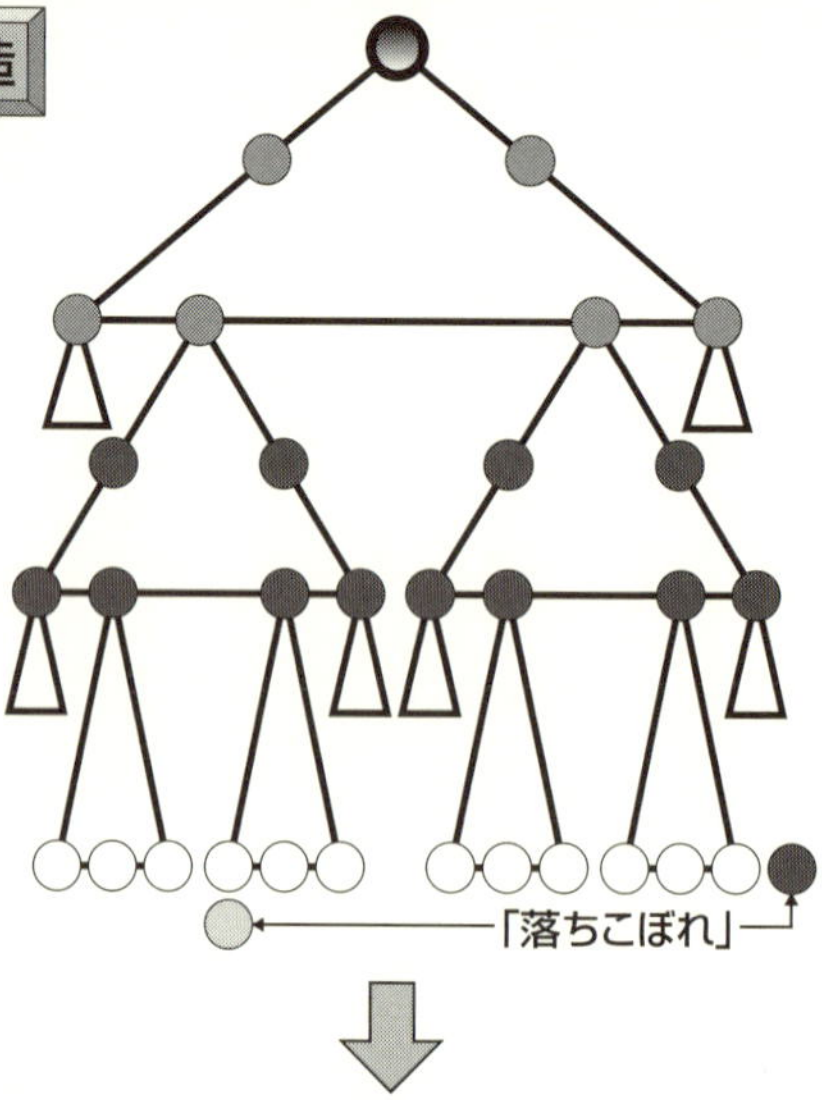

サークル水平構造

※「1」と「6」で「7」
「ハニカム構造」

◎「6」が基本形と分かれば「水」が燃え、車などの燃料となる。そしてニュートン力学〜量子学へ解釈しさらに発展

ャ語ゲマトリアを調べてみると六になります。

父　αββα

一・二・二・一　→　一＋二＋二＋一＝六

各アルファベットを数値に換算し、合計すると六になる。サタンは偽りの父となるのです。

そして、ヨハネの黙示録（一三―一七、一八）には

「この刻印とはあの獣の名、或いはその名の数字である。ここに知恵が必要である。賢人は、獣の数字にどのような意味があるかを考えるが良い。数字は人間を指している。そして、数字は六百六十六である。」と示されているのです。

一＋二＋三＋……というように、一から整数を順に足してできた数を、数学的には「三角数」と呼んでいます。

六は三番目の三角数、十は四番目の三角数であり、三角数は、とりわけ神に関わるものに関して、聖書に頻繁に出てくるのです。

三角形は、三位一体神を象徴する形であり、サタンは明らかに、三位一体神の真似をしようとしていることがわかります。

ところで、六を二回かけると三十六ですが、三十六番目の三角数をみてみると、

一＋二＋三＋……＋三十六＝六百六十六　になります。

また、この三十六は、三位一体の位格数一、二、三のそれぞれの三乗の合計として書き表すこと

ができます。

三十六＝（一の三乗）＋（二の三乗）＋（三の三乗）

このように、サタンが六六六という数字を好んだ背景には、明らかに、神の真似をしようとしたということが見えてくるのです。

日本神話の神について、『古事記』など古文書に示された神々の数の意味にも、ゲマトリアが仕組まれていたことになるのか？　ということになるでしょう。

イザナミの前に、多くの神々の名前を出すことで、表面的に誤魔化しているのであり、実際は、イザナミがすべてであり、大本の神であるのです。

イザナミは創造神であり、宇宙生成の神、海の神、黄泉の神、製鉄の神（産業の神）であり、イザナギは表に出てきませんが、宇宙を維持しコントロールしている神であるといえます。

第五節　民族の流れとＤＮＡ遺伝子情報の関連

イースター島には、もともと白人種も住んでいましたが、その元は五色人と思われます。白人、黒人、黄色人種などはＤＮＡで若干難しいけれども判別できると思います。

アイヌは五色人の白人です。ゲルマン系の白人は古モンゴロイドであり、日本人から出ている同じ人種です。古モンゴロイドは彫が深い顔立ちで、古モンゴロイド→東縄文日本人→スキタイ→ゲルマン（ザクセン、フランク）と繋がっているのです。

西縄文日本人↓普通の日本人で、中縄文日本人↓混血となっているようです。今の日本人の中にも一割くらいはゲルマン人と同じＤＮＡがでてくるそうです。また、言葉、特に言語周波数などについても日本民族とゲルマン民族、なかでもドイツ人の言葉では同じ周波数帯域から始まっているのです。この言語周波数帯というのは、一二五ヘルツになります。平安や鎌倉、室町、戦国時代においても数々の古い文献に出てきます。当然似ているような「単語」も存在しているようです。そして、日本人でも本当に目が青っぽい（青～碧～緑～灰色など）人や肌が白っぽい人が中に見かけられますし、特に多い東北地方は約一〇％と聞きます。

東洋人にかかりやすいサーズは、中国大陸系（胡人であるメディア・アーリア人とツングース雑種の混血が漢民族の正体）とシベリアのツングース系の人（イベンキ族等）はかかりますが、非ツングース系ではかかりにくい傾向があります。ただしそれなりに改良はされていても、それに近い人（ツングース系混血の遺伝子を持つ）は日本人でもサーズにかかる可能性は、どちらかというと高いと思います。

ドイツ人とフランス人のスキタイの末裔とピレネー山脈のイベリア人の白人は、遺伝子的に大部分異なるようです。白人がよくかかるペストは、イベリア人はかかりにくいといえます。それ以外に白人種としてスラブ人、ケルト人、バルト人、地中海一帯のベルベル人などもいます。試験的にはイベリア人と遊牧スキタイ人を掛け合わせ（ＤＮＡ遺伝子情報操作）てペルシャ人などを作っていたと考えられるのです。

スキタイ系は自然発生的なのですが、ペルシャ一帯は人工的に操作されて生まれた民族であるようです。イベリア人は、もともとアトランティス系であり竜形の遺伝子で、かつゴリラから操作して作った人間であると思いますし、たまにそのようなゴリラっぽい人を見かけます。

日本人が、サーズ、エイズ、ペストなどの病気にかからない体質なのは、DNAが大きく影響しています。人口の多い中国やインドはこれらの病気によっても狙い撃ちされて、人口が激減することになるでしょう。

現在の漢民族は、シベリアのツングースから来ている民族であり雑婚しています。、本来の漢民族は客家《はっか》だけであり、胡（西胡＝アーリア・メディア・一部ペルシャ）人系です。


ケルト人は、もともとスキタイ人とシュメール人の混血です。トロイの戦争で負けたのがガラティア人、ヒッタイト人だったのです。

まず、ヒッタイト人がいて、それはスキタイ（東縄文系）人とシュメール人（中縄文系）の混血なのです。トルコ中部のアンケラ地方に鉱山（鉄など）ができて、山で経営していたところに中日本縄文人と東日本縄文人が出会って同族であることがわかったので、また一緒になりました。その後、王国を築き鉄の文化をはじめて中近東地域に作ったのです。この人たちが外に出てきたのがガラティア人であるといえます。

その後ギリシャの王（王侯貴族または自称神族）もスキタイ人の一部が入っているのです。トロイの戦争でこれと戦って負け、各地、主に欧州に散らばっていったのが、ケルト人だったのです。ヒッタイト人は文字を持っていたのでケルト人も文字はあったはずです（たぶんルーン文字か）。鉄を持っていたことでアッシリア（現シリア）との戦争に勝っています。アッシリアがメソポタミアを奪った後にアッシリアを潰したのがヒッタイト人であり、その前にシュメールを征服したアッカドを潰したのはスキタイ人なのです。

ヒッタイト人（ケルト人）はガラティアを追い払われたことで寒いところ、つまり欧州各地に逃げ住んだようです。だから今でもフランスのパリはパリスであり、トロイの第二王子でトロイ戦争で生き残り逃れてきたのがパリスであったことに由来するのです。ローマの基となったアルバ・ロンガ、イタリアのラテン族を作ったのもヒッタイト人、いわゆるケルト人であると考えられます。ヒッタイト人の一部は今でもガラティアに残っており、自らケルト人やギリシャ人と一緒であるとも言っているのです。ガラティア人はヒッタイト人の子孫であるとも言っていますし、普通のギリシャやメソポタミアの一般民衆はガラティア人と言います。学者がケルト人はいわゆるセルティック人であると言っているのは学術用語としてだけなのです。

ローマはガラティアから来ているので、ガーリアとかブリティンと言っているのです。ガリアはフランス（太古においてはアトランティス系のイベリア人がいた地域）のことであり、ヨーロッパ各地に散らばり、その後に王侯スキタイが移動し、それがザクセン・フランクでありゲルマン人です。またバルト人やスラブ人（ともに農民スキタイ系）は、もともと違う白人（五色人系の白人や赤人など）であって、その上層部である王侯貴族はゲルマン系なのです。

釈迦が出たサカ族も、もともとはスキタイ（イニシャル的に「ＳＣ」です。これは日本語の「鹿・シカ」

を意味するものであり実際に「シカ」を部族のシンボルとしていた。つまり縄文人そのものです）人であるのです。

また詳細に説明すると、Sはサシスセソで始まるものであり、Cはカキクケコ等に当てはまるということになります。シカ・サカ・サガ・スガ・セガ・ソガ・シャカ・ソグド・セック・サク・ザクセン等の民族や部族が候補として挙げられます。あくまでも「鹿・シカ」、つまり英語で言うデア（鹿・シカ）を主要な狩猟対象とする部族なのです。

後ほど述べますが、高天原の大切なものとして「鹿を狩る弓と矢」が天孫降臨前の話として天若日子に与えるという物語に出てきます。『旧約聖書』においてイサクに対して最も大切な食事として「最上物である鹿の肉」が出てきます。本当は「鹿」が一番大事なものですが、なかなか家畜にすることがむずかしいので次級のものとして「羊や山羊」・「牛」そして「鳩」等が出てきます。日本神話も『旧約聖書』もSC部族の伝説・伝統も同じ価値観であった可能性がとても高いのです。

現在の欧州にもたくさんの雌鹿や小鹿などの関連伝説があります。

本当のことを言うと、中国の史記などに登場する有名な匈奴《きょうど》やキタイも含まれるのですが、白人系でないので外しているようなのです。そしてこのスキタイ人は、スキタイ、サカ、サルマティアの三つの部族に分かれている。イメージ的には東縄文人そのものです。すでに述べたように東北の一部においては肌が白人のように白く、両目も白人のように「青から緑そして灰色」などの人々もいるようです。

このように見てくると、主要な民族のほとんどすべてがムー大陸を基に派生した民族であり、それがこれから復活することになるのです。神様が好きなのは縄文ムー人であり、それは日本人・ドイツ人・フランス人が主体であると考えて良いのではないかと思います。

古モンゴロイドつまり縄文人系以外は五色人となります。アフリカ黒人で身長が低いピグミー族と五色人の黒人とは異なります。アジアでもピグミー族に近い種族は、インドのアンダマン・ニコバル諸島（「オンゲ族」：現在約四〇人、「ジャラワ族」：約四〇〇人、「センティネル族」：現在人数不明、その他「ボ族」など数部族絶滅）などにいるようです。また、ミクロネシア・メラネシア・ポリネシアの太平洋各地域およびボルネオ・フィリピンのネグリト（黒人風アジア原住民）などもその一部と考えられます。

このように考えてきますと、やはりピグミー種族はアジアつまりムー大陸で創られてアフリカへ再び出ていることになるわけです。何回も言います。アフリカにいるチンパンジーやゴリラは、遺伝子のＲＮＡで障害を受けていますが、人間は一切受けていないのです。なおかつチンパンジーが大人化するために四八本の遺伝子が必要となるようですが、人間は二本の遺伝子を抜いて四六本とし、子供の状態を保った。その証拠が顔面の顎の形状に現れているのです。このことは人がチンパンジーの幼児形であり、これをネオテニーというのです。

ほぼ確信的に言いますと、人間の起源はアフリカ大陸ではなくムー大陸であると思います。

そして、欧州系白人と日本人のウイルスの遺伝子は同一である証拠として、ポリオマッシウイルスというものがあります。これは絶対に母親から子供にしか感染しないウイルスなのであり、しかも、このウイルスが存在するのはフランク人（フランス人とドイツ人）と日本人だけのようです。ですから、日本の東北の一部ゲルマン系（スキタイ人）――青い瞳の白人種――が持つポリオマッシウイルスは、古モンゴロイドで東縄文人が持っているウイルスであった、だからこそフランスやドイツのフランク人と日本の東北人（日本人）しか持っていないものであるとしか考えられないのです。

おそらく二五万年前ころに、アフリカにいた類猿人種はレトロウイルスに一時期全員感染したことがあるが、人間は全く感染しなかったものなのです。これはエイズではないのです。そのことは、人間の起源説がアフリカ大陸ではないことを意味しています。つまり、ムー大陸なのではないか。このレトロウイルスは、アフリカ大陸に人間がいたのであるのならば間違いなく確実にＲＮＡに入り込むウイルスなのですから……。

現在の太平洋地域に存在したといわれるムー大陸は、一万八千年前に海底に沈没したと伝えられています。霊視によると、帝国は二三万年間おおいに繁栄し、その間五人の皇帝が統治していたようです。つまり一人の皇帝が約四万六千年統治した計算になります。

さて、カリフォルニア大学のシンシア・デニオン博士によると、線虫を使って遺伝子の一部を傷付けることで寿命が二倍以上延び、さらに染色体遺伝子を傷付けると寿命が一〇倍延びるということを発見しました。それを、超極小生物体であるソマチットの技術をプラスして人間に応用すると、大変な長寿社会になることが予想されるのです。

実際にそのような隠されている技術・テクノロジーが千年王国で実用化されて、ほとんど人間の老化がなくなり大変な長寿社会になると思われます。

基本的には、自然にしたがって生活していけば長生きはするはずなのです。病気を治すには、毎

日本とムー大陸の関係

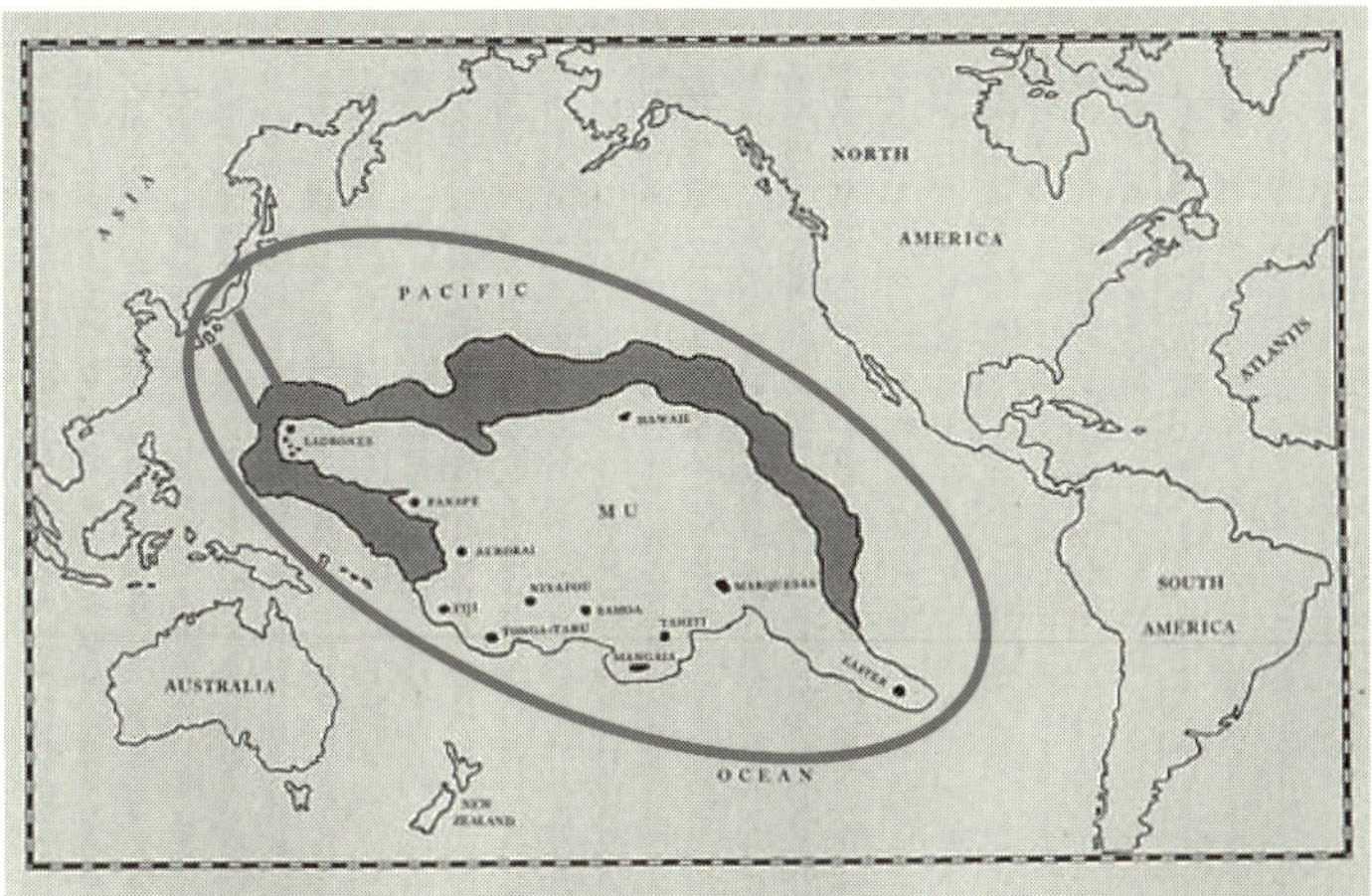

THE GEOGRAPHICAL POSITION OF MU

日自然な食事と自然の生活が大事であるのです。たったそれだけで一二〇歳以上は生きられるのであり、そこに遺伝子操作を加えることで、千歳まで生きることも可能であると思います。この究極生命体ソマチットが関わることで、老化がなくなり若い状態のままで生きられる。また、若返ることも、体型を維持することも可能になると思います。

その他

外国のアルファベット等の文字（ロシア、ギリシャ文字を含む）は、基本的に中近東メソポタミアのフェニキアからきているのです。そしてフェニキアはシュメールからもってきている（文字を借用している）。シュメール（スメル）→アッカド→バビロン（古・新バビロニア）→フェニキアの順番に借用され、そして少しずつ特性を付加しながら進化しているのです。

フェニキアはユダヤと同族であり、エラム文字となって、そこからローマ字、ギリシャ文字になっていくのが文字の大きな流れです。このフェニキアは国際的な商売人であるため、海外貿易で言葉、フェニキア文字を統一することで大きくなったのです。そして相乗効果的に商売しやすくなるため大幅に改良・進化させて飛躍的に広がっていったようなのです。

もしかしたら世界一古いと考えられる日本の神代文字から一旦メソポタミアのシュメールへ入って、そこからフェニキアなどのアルファベットへと発展しているのではないか？　とも考えられます。

シュメール古文字（シュメール新文字は非常に整った楔文字）は、戦後の日本においても岩刻文字＝ペトログラフとして多く発見されています。すべてムーから神代文字により発生し、次に派生・進化していったと考えればよいのではないでしょうか。

現在世界中で発見されているペトログラフは、基本的には神代文字で刻まれていると考えてよいのではないでしょうか。たしかに神代文字もいくつもの種類に分かれているのです。神代文字の種類ごとに世界のどの地域ごとに偏っているかはわからない状態です。反対にいうと、すべての種類がそれぞれ勝手に世界中に散らばっているということのほうが正しいのかもしれません。ちょっとした文字の種類の流行や文字の書き方に偏っているところもあります。それでも普通の商売人とか貿易とか宗教的儀式などを超えた感じがします。

つまり世界的に移動している民族が好きな文字の種類をいくつか持って旅をしてそれぞれの地域場所で思い思いの文字の種類で旅の感想やら所見を岩石に書いているようなものです。本当に好き勝手に大小それぞれの岩石に書いているように思います。

エジプトのナイル文字（象形文字）もベースは同じであると思われます。当然すぐ近くにメソポタミアがあり、いろいろな文字や有名なフェニキア文字も存在しています。そして当然のようにエジプトとフェニキアは相互に貿易を行っているのです。だから、「文字」の互換性や文化の融合などが起きても当たり前だということです。たしかにエジプトのこの辺はまだ追求していません。しかしながら、「古代エジプト」は日本とかなり関係の深いところであることは、中縄文人がいたことでもわかると思います。そして中縄文人は日本へと渡ってきているのです。だからその使っていた文字の一つナイル文字は特に九州で多く発見されています。

この岩刻文字であるペトログラフは、特に日本で一番多く四〇〇〇カ所以上（世界の九〇％以上）にのぼるほど多く発見され、しかも日本全体にあることがわかっているのです。それも九州などの西日本だけではなく東日本や北日本の北海道でも見つかっています。

また、近年日本の沖縄県与那国島沖の海底に、巨大な神殿様式かピラミッドみたいな人工の建築物らしきものが発見されています。具体的に言いますと、一九八六年与那国島のダイバーが偶然、島の南側の海底において数百メートルに及ぶ「一枚岩」を発見したことによります。その後一九九二年以降琉球大学の木村政昭教授らによって数回以上調査されたものです。水没した年代については諸説ありますが、琉球南西諸島の「動植物の分布」や「鍾乳石」から判断しています。そうすると前回の氷河期が終わった後の約一万年以上前のものであると推測されるのです。ムー大陸沈没の時期に近似していますよね。

次に古代遺跡としての根拠について琉球大学の木村教授は五項目ほど挙げています。

・道路や階段状のもの、石組み、敷石、排水溝などに推定される地形及び巨石の組み合わせが存在していること

・クサビを打ち込んだような二〇～三〇センチ間隔で並ぶ竪穴跡＝窪んでいる穴または溝があること→これは海中の浸食作用では決して形成されないこと

・周囲を壁面で囲まれた平面を形成していること→これも同様に海中浸食作用では決して形成されないこと

・テラス（「露台」つまり建物から外などを見るために突き出している床などの部分）状の地形は左右対称であり加工跡が確認できること

・垂直壁面がもし仮に自然崩落だったとするのならば、その壁面の周囲及び下部地域に岩石片が堆積（積もっている状態）していなければならないが全く確認できないこと

などの根拠を挙げて、沖縄県などに遺跡認定の申請を提出しているようです。たしかに、写真や動画で拝見する限りにおいてはそのような意見に同意します。

しかしながら、沖縄県の与那国島は、「ムー大陸の端」として浮上するかどうかについてはわかりません。ムー大陸・帝国の遺跡という可能性が極めて高いのですが、必ず連動して遺跡などが一体化するとは限りません。どちらかというと別の意味があるのではないでしょうか。

また、浮上したとしても沖縄県は台湾とはつながらないようです。沖縄県の本島に研修等で行ったことはありますが、やはり与那国島は台湾近くであり距離がありすぎます。ちなみに台湾の島には旅行で行ったことがあります。けれども離れ小島の与那国島は遠いのです。

ムー大陸の浮上のイメージに関しては、九州の宮崎県日向からパラオにかけて大きな海嶺（海底火山山脈）があり、そこが日本とつながることになるでしょう。同様に伊豆半島からは、伊豆半島～伊豆諸島～小笠原諸島～マリワナ諸島とつながって浮上してくると考えられます。ハワイは、米国が壊滅したのちムー大陸の一部となるでしょう。そうしてイースター島も含めて太平洋（ミクロネシア、メラネシア、ポリネシア）に巨大な大陸＝ムー大陸が出現することになると思います。

第二章　キーワードによる霊視的解釈

第一節　キーワード（重要語句）の選出

『古事記』について繰り返し繰り返し見ていくと大切なものが少しずつ見えてくるというか、「行間」にとても大切な内容が埋まっているように感じられます。それは私自身の中にふつふつと湧き起こり、最も大切な何かが隠されているのではないかと思うほどなのです。

この「大切なもの」というものが「キーワード」にあたるものです。そして、その特色というのは、「国名、特に同様な名前でも時期的変化があるもの」・「神の名前、特に別名および時期的変化のあるもの」・「列挙項目における順番の最後」・「強調する、または選別する数字」などにあたるのです。

この第二章に関しては、第一章および第三章などとは若干趣が異なっています。その大きな特徴というものは、私自身のイメージ、特に友達から言われているような「光明ワールド」というものなのです。通常は複数、それも三カ所以上の確認が得られて初めて記載しているものばかりなのですが、この「光明ワールド」自体についてはイメージが強烈すぎて「二カ所」の確認でも書いていることなのです。

通常、第一段階として「霊視」により光明自身がビジョンを見ます。第二段階として五次元の「アカシック・レコードみたいな図書館の本」で確認します。第三段階として七次元以上の天使の方々

霊界（神の意思）の次元数および概要

番号	次元数	次元内容
1	12次元	神の領域（創造神イザナミと維持神イザナギ）
2	11次元	最天使界（三貴子アマテラス、ツキヨミ、破壊神スサノオ）
3	10次元	大天使界
4	09次元	中天使界（上）
5	08次元	中天使界（下）
6	07次元	小天使界
7	06次元	真正・天国界
8	05次元	霊界（無数の天国地獄界）、霊人・竜神・宇宙人
9	04次元	幽界および精霊界・妄想界（錬獄）
10	03次元	現世、人間
11	02次元	休憩（上）、真正・地獄（入口）亡者界
12	01次元	休憩（下）、真正・地獄（奥）悪魔界
13	00次元	空虚

天使界

輪廻転生

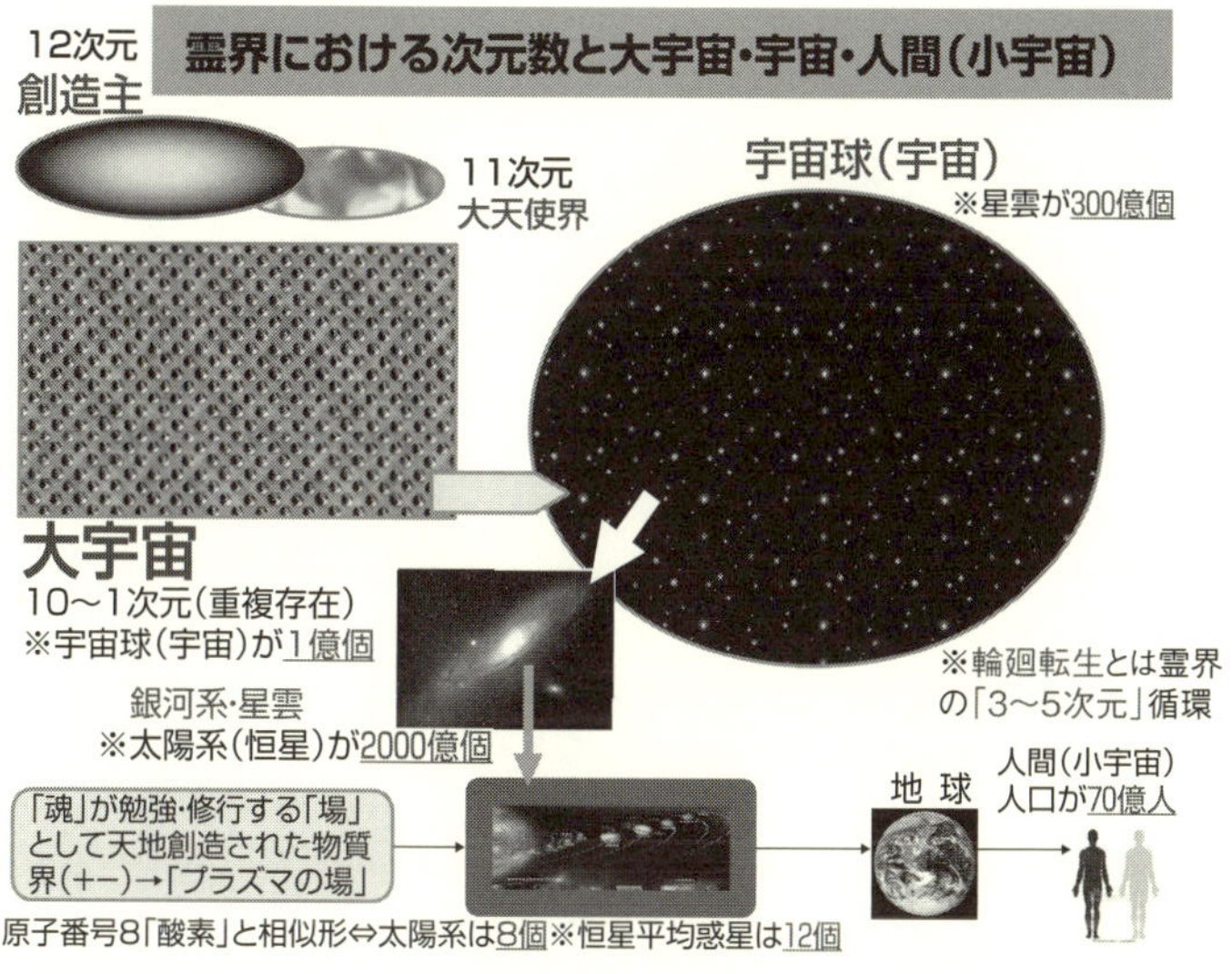

に「直接」確認します。第四段階として一一次元の大天使ガブリエル様に「お会い」して確認します。状況により大天使ミカエル様、そして兼ねている「創造主（神）」からメッセージをいただきます。第五段階として「資料（書物等およびインターネット・友人知人ならびに努めて現地取材）」により確認して初めて本に書くようにしている次第です。なぜこのようにしているかといいますと、反対に言うならば「間違い」や「嘘」がゼロに近づくように、「間違い」や「嘘」を書かないことに集中したいためです。

また、「書物等」に関しての具体的なものは、①はじめに『古事記』、『日本書紀』、『旧約聖書』、『新約聖書』、『コーラン』などの教典類、②次に①以外の各教典および古文書および関連書籍、③続いて文字類特に神代文字や岩刻文字（ペトログラフ）や記号・絵など、④最後に慣習および風俗習慣などになります。

いわゆる光明の「生まれつきの霊感に基づく霊視」および「命（四柱推命などの星占い）・ト（タロットやロッドダウンジングやペンデュラム占い）・相（手相、人相、足相）」について相談者にお答えするときでも「三カ所」以上の確認が得られなければ絶対に伝えないようにしています。そうしなければ、万が一にも「相談に対する答えが外れる」ことも確率としては出てくるからです。

それでも今回この第二章に関しては、最終的な神様（大天使ミカエル様を経由）および大天使（一一次元の大天使ミカエル様および大天使ガブリエル様）の確認を得られていない状況でも出しているのです。ただし、一〇次元の大天使ウリエルの了解は得ているつもりです。

この強烈過ぎるイメージとは何かを一緒に感じ取っていただきたいのです。

●『古事記　上巻』（『聖書』等との関連事項の記載範囲については上巻内に限定）

一「別天つ神五柱」または「宇宙の初め」

・**天地初め**…一二次元の神であり創造主（クリエーター）であるイザナミが存在し、「アルファ」であり「オメガ」ということを表しています。そして一〇次元以下の「大宇宙」「宇宙球（いわゆる宇宙）」「人間（いわゆる魂であり小宇宙）」を創造した時間的な「最初」ということです。

この時間的なものは人間の概念としてのものであり、基本的には時間など存在していません。しかしながらイメージ的なものとして、三次元の人間が理解できるものとしての時間であり数値ということになります。数値は約数千億年前という感じです。

・**高天原**《たかまがはら》…最初の場所としては「一二次元」であり、宇宙創造後の場所としては一〇次元以降の「中心となる宇宙球」→「この宇宙球の中心である銀河系」→「天の川の中にある昴《すばる》（プレアデス）」ということになります。

・**天之御中主神**《アメノミナカヌシノカミ》…すべてを統一するイザナミの別名になります。本来は天地の前に存在し、その後にすべて――他の神の出現およびあらゆる次元界において――を創造された神になります。また当然ながら、もし天地つまりすべての次元界――当然宇宙および大宇宙、さらに魂などが「無」になったり消えたとしても存在し続ける唯一至高の神なのです。旧約などの聖書における「ヤハウエ」「創造主・神」そのものの存在となります。

ちなみに「天・高天原」または「神界」のことに関しての言い方になります。あわせまして神や神の意思を受け継いだものも含みます。通常日本では「アメノ、アマノ」ということですが、中近東のエジプトは「アメン」、イスラエル・ユダヤは「アーメン」ということになります。

・**高御産巣日神**《タカミムスビノカミ》…イザナミの「陽・創造」部分でありアマテラスの別名になります。主として創造神を継いでいます。聖書においては「神」の右に座する大天使ミカエルそのものとなります。私たち日本人の感覚から見ると「左大臣」的なポストです。

・**神産巣日神**《カミムスビノカミ》…イザナミの「陰・破壊」部分でありスサノオの別名になります。ここでの「破壊」とは、新たに創造するためのものです。つまり、過去に創造されたものを次の創造をするために必要な破壊創造を表しています。また宇宙再生神です。聖書においては「神」の左に座する大天使ガブリエルそのものとなります。いまだ不明なのですが、時には堕天使や悪魔サタン的行動をすることが考えられます。

・**三柱の神**…三位一体のことでイザナミ、アマテラス、スサノオが一つということです。また、場合によっては三貴子（神）としての「アマテラス、ツキヨミ、スサノオ」もイメージ的にはさすことがあります。どちらかというと状況に応ずるダブルスタンダード的なものと考えられます。

・**独神**…独立している神のようにカモフラージュ・隠しているようです。

・**身を隠す**…別名を隠すため、神の摂理を隠すためのカモフラージュです。

・**宇摩志阿斯訶備比古遅神**《ウマシアシカビヒコヂノカミ》…メインの神であり宇宙創造神であるイザナミから出たイザナギの別名です。サブの神であり宇宙維持神のことです。ここにおいて宇宙の流転状況を示すとともに、その中における「男性性」を表しています。決して宇宙がビッグバンなどにより爆発して発生したものではないということになります。

・**天之常立神**《アメノトコタチノカミ》…イザナミの別名であり、「女性性」を表しています。

・**五柱**…バランスを意味する数字です。中心から四方に広がっているとともに安定した宇宙の生成流転の状況を示しています。

・**天神**…八百万神の主体であり「神々」（聖書）であり「我ら」（コーラン）ということになります。

二「神世七代」

・**神世**…地上における神々の時代です。ただし、この時期においての「地」という場所は、太陽系周辺ということ。つまり、宇宙の生成物と太陽系の生成物が若干違っている（＋と－の関係ですが質量は別）ということです。宇宙生成物の脂的なものが凝り固まって太陽系の生成物「物質化」していることになります。ちなみに「宇宙生成物」とは光元粒子のかたまった宇宙根源粒子、つまり宇宙エネルギーそのものであり宇宙の元ということです。また「光元粒子」とは、「神」であり、その超微細な一部が人間の魂・霊体・幽体となります。

・**七代**…完成された、または神が整えたという数字です。いわゆる神の数字特に神の「陽」部分を表す数字になります。

・**国之常立神**《クニノトコタチノカミ》…太陽系の状況をイメージしたものです。

・**豊雲野神**《トヨクモノノカミ》…神の存在状況を表す「雲」というイメージのことです。

・**宇比地邇神《ウヒヂコノカミ》**、**妹須比智邇神《スヒヂコノカミ》**（妻）…太陽系の恒星および惑星などとその他の太陽系宇宙空間が分離し、形作り始めた状況を表しています。また、相互に補完する形であるため夫婦の形態を表しています。この「夫婦の形態」というものは最終的に「愛」そして「調和」「感謝」というものです。これは人間の魂の成長という目的とも重なり合います。同時にイザナミとイザナギノことを連想させるようになります。

　ちょっと話がずれるかもしれませんが、この「夫婦」というか男女の結婚形態について述べてみたいと思います。他の動物とは違って人間の子供は超未熟児で生まれます。その原因は頭、特に大脳が異常に発達しすぎていることにより、母体の産道制限があるということです。その理由は「神に似せて作った」ということになるのかもしれませんが、このおかげで「考える」ことが飛躍的に伸びてきたのではないでしょうか。この「考える」ということが「魂」の勉強または修行にとって最も大切であり、具体的に「愛・調和・感謝そして笑い」を知ることができるのです。その中でも「プラスの愛」と「マイナスの愛」――その中での試練あるいは壁――を知ること及び神の存在を信じることが大事なことです。

　しかしながら、この「超未熟児」で生まれ、最低限二から三年以上の期間は常に母親などの世話が不可欠となります。人間の子供は乳児として一年、幼児として三年、そしてできれば七年くらいの保育期間などが必要だと思います。実際人間は精神的なものもありますし、肉体的にも二五から二八歳くらいまで成長し続ける特異な存在なのです。また、可能であれば女性が続けて子供を産む時期についても最低限一年、できれば二年以上期間をあけるのが望ましいのではないでしょうか。

この間、母親などにおいても自分自身では身の安全を守ることや食事などの生活を考えた場合に「絶対的な保護」を求めることになります。残念ながら女性はそれほど「力《ちから》・パワー」が強くありません。そこで一番良いのは強い力・パワーがある男性が必要ということになります。通常それは「夫婦」という形態になるのが自然でありスムーズにことが行われ、生活していくことができます。確かに男性がいれば問題が少なくなるので、父親とか兄弟とか家族とか同族や地域社会・村落などの共同体で守ることも可能です。しかしながら、先ほども述べてあるように「愛」を学びながら子供や子孫をふやすということを考えるのであれば、女性一人に男性が一人という仕組みが一番フィットするのではないでしょうか。

それが古代から続くところの「結婚」というものに該当すると思います。このため「夫婦」というスタンスで神話の神様が登場してくるのではないかと考えています。つまり、創造主は「女性性」だということが推測できるのではないでしょうか。

この「結婚」というシステムは女性の子供を産み育てるということに関しては、優れたものであると思います。女性の多くの人たちにとっては、とても安心ができて自分自身の子供や子孫を得る、つまりＤＮＡ遺伝子を残せるのです。申し訳ありませんが男性は誰でもいいのです。それは、必ず自分のおなかから生まれた子供であればいいのですから。確かに建前的に「あなたの子供がほしい」と言われることもあるかもしれませんが、どんな男性が相手であろうと自分の子供が生まれるだけなのです。ですから、とてもひどい話かもしれませんが、望まない相手でも子供を妊娠することができます。極端な話では「強姦」されても勝手に女性の体が反応（決して「感じて」ということではなく、反対に自分の意思に反して暴行されてでも）して生理周期とは無関係に「排卵」が始まり「妊娠してしまうような仕組み」になっているのです。これも「プラスの愛」と「マイナスの愛」の勉強・修行のために必要なことになっているのです。そして女性の体の中でできる子供はすべて「女性」なのです。そう、何も変化がなければすべて「女の子」が生まれるように体の仕組みがなっているのです。生物学的動物学的に、女性が女性しか産まない構造になっているのです。このため「Y」という男性が保有している精子の半分・一種類が受精すると「頭脳」と「生殖器」を別々の時間に変化させ、男性にするのです。

「女体」が神秘なのか男性への変化が神秘なのかはわかりませんが、この「頭」と「性器」の時期的ばらつきが同性愛者などが生まれる原因なのです。これも「プラスの愛」と「マイナスの愛」の為せる業なのでしょうか。若干考えてしまうところです。同性愛者にしても「頭（あたまであり大脳）」と「こころ（大脳を含む中脳、小脳、延髄、脊椎、脳幹、松果体、橋など）・身体」以外になぜか「（男性の）前立腺」が関連してきます。これがとてもドロドロとした同性的関係になっていくのです。

もう一つ大事なことがあります、それは男性的方向から「結婚システム」というものを考えたときです。それについては間違いなく「真逆的」な答えになってくるようです。大自然の多くの動物の種類のオスとメスの生態を観察するだけでも確認が取れます。たしかに「鳥類」については雌雄が「番・つがい」という形を例外的にとっているようです。しかし普通の動物たちの家族や群れの形態は、「強いオス単数（一）に対して複数のメス」が一番安定していて多数を占めています。これはオスの特性とメスの特性のバランスがうまく取れている、あるいは整合しているということになるのではないでしょうか。メスは安心安全で「食・住」を得て、そして自分の子供を産み育てることができます。メスにとっては生物的に最も確実に本能を満たすことができていると考えられます。

また、オスにとっても良いことです。間違うことなく、自分自身のＤＮＡ遺伝子を確実に残していくことができます。そして「力・パワー」を遺憾なく発揮し、メスにもて続けられます。複数のメスがいることによって間断なく、時間的制約なしで自分の子供を増やすことも可能になっています。

神話にも最初のこの部分では「一夫一婦制」の結婚になっています。……が、後ほどつまりスサノオあるいはその後の男性的な神様や天皇においては複数の女性を相手にしていくことが記載されています。いわゆる「一夫多妻制」です。また、現在でもイスラム教などにおいても複数の女性と結婚することは条件付ですが、問題なく認められているようです。

・**角杙神**《ツノグヒノカミ》、妹**活杙神**《イクグヒノカミ》（妻）…恒星である太陽とその他の惑星が形作られるイメージを表しています。また、惑星に衛星が形作られていく様子も含みます。ただし「月」については別に説明します。

・**意富斗能地神**《オオトノヂノカミ》、妹**大斗乃辨神**《オオトノベノカミ》（妻）…太陽が完成し、その他の惑星もほぼ完成していくイメージを表しています。

・**於母陀流神**《オモダルノカミ》、妹**阿夜訶志古泥神**《アヤカシコネノカミ》（妻）…惑星が完成特に地球・火星・金星及びすべての惑星に関連する衛星が完成したイメージです。ただし、「月」については「神の意思」を示すツールであるとともに地球の制御用として特別な配慮がなされています。また、六番目に太陽系の星々が完成し、喜びの声を上げたことを示しています。

・**伊邪那岐神**《イザナギノカミ》…宇宙維持神で男性性あるイザナギです。別名はツキヨミともなります。また『旧約聖書』では別名アブラハムの一部分です。

・妹**伊邪那美神**《イザナミノカミ》（妻）…宇宙創造神である女性性のイザナミです。またお互いに「誘う」ということで「愛」の重要性について示しています。別名はアマテラスとともにスサノオでもあります。当然にしてアマテラスとスサノオは数限りなく時間経過とともに別名を保有しています。このためかなり理解することが困難となっています。また『旧約聖書』では創造主であるヤハウエその神です。そしてアマテラスとしてサラであり、スサノオとしてアブラハムの主体でもあります。そして二人の大天使なども兼務しています。すべてが時間と場所とともに変化していきます。

・**夫婦神**…数え方として「一柱」となります。

三　「伊邪郷岐命と伊邪那美命」

①　「国土の修理固成」

※太陽系特に地球・火星・金星などの創造という物語になっています。旧約における創世記の天地創造と同じような神話です。また、最初に「海」らしきものがあってその後「形」あるもの、つまり陸地や島などの国になっていく様子も似ています。

・**国土の修理固成**…人々が住めるよう国土（地球・火星・金星）にするということです。

・**天沼矛**《あめのぬぼこ》…住環境及び人間（魂の入れ物）を作るための道具・ツールとして登場します。ちょうど棒状の矛、つまり剣みたいなものに当たると思います。

・**天浮橋**《あめのうきはし》…惑星を観測・観察できる場所。この時期においては、地球と火星の間にある小惑星群にあたるようです。

・**鹽**《しお》**こをろこをろ**…「海をかき混ぜている様子」のこと。天の浮橋に立って沼矛を持って下に降ろし海の水をかき回している状態のことです。そうして島＝地球の島＝地球の大陸ができていき、神々などやさまざまなものを生み出していくことになります。ちょうどこのことは、古代インドにおけるヒンズー教にも同様なものがあります。ヒンズー教の神様と悪魔が共同で不老不死の薬である「アムリタ」を作る様子に似ています。このアムリタを作るために世界山を軸、宇宙蛇を綱にして海をかき回すのです。海をかき回すごとに世界が作られ、いろいろなものが生み出されてきたのです。また、ユダヤ教やキリスト教・イスラム教の『旧約聖書』にある創世記の天地創造と似ているような記述となっています。

・**淤能碁呂嶋**《おのごろしま》…この時期においては、火星の平原地帯を指すようです。いわゆる火星の「人面岩」付近に当たります。その後記述内容は「ムー大陸」に変化します。

②「二神の結婚」

・**天**《あま》**の御柱**《みはしら》…神をシンボライズ化した「柱」のこと。エジプト文明における「オベリスク」と同様なものです。また、古代インドヒンズー教にある「シバ神のリンガ」にも似ています。ちなみに日本では神の数え方は「○柱」となり、その意味は神と同格となります。

・**八尋殿**《やひろどの》…神の住む大きな家・場所ということで神社や宮殿・神殿になります。

・**汝身者如何成**…神の姿かたち、特に神に似せた人間（魂の入れ物）の格好ということになります。「ソマチット（究極生命体）」などにより、それぞれの惑星環境に適する生物である植物と動物を作ったということです。地球においては、火星および金星と違い、初歩的な段階から作り上げ、かなり時間をかけてゆっくりと進んで行ったようです。この間、火星および金星においては人間（火星人と金星人）が次元上昇を完了してしまったようです。

・**成成不成合一處一處**…人間身体の陰部分を表しています。いわゆる女性性です。

・**成成而成餘處一處**…人間身体の陽部分を表しています。いわゆる男性性です。

・**刺塞**（美斗能麻具波比）…男女の性行為を表しています。

・**生成国土**…国または子供を産むことです。

・**水蛭子**…「ヒルコ」のことをさします。生命誕生、そして植物、次に動物、最後に神の分身および人間を生むことを目指していたのです。しかしながら男女の順番とリード性の間違いならびに手順に時間をかけすぎたため「全きもの（完全な人間・動物）」ではないものが生まれたのです。具体的にいいますと、竜と竜神族（例えば竜蛇族など→アトランティス人系）ということになります。この竜蛇族は恐竜から進化して人間タイプになったものです。竜神となり科学技術を発達させ宇宙（シリウスなど）へと進出したようです。その後地球に戻ってきたときに本来の恐竜一族が全滅していたため、どちらかというと反人類的・サタン的な態度をとっているようです。しかしながらムー大陸沈没に伴うさまざまな混乱から一部縄文人と協同しています、それが日本における竜神となります。なぜ、モニターから外れたかと申しますと、たぶん火星人（黄色人種系そして霊的なムー人→西縄文人）と金星人（白色人種系そして霊的なムー人→東縄文人）における霊的な次元上昇の時期と重なっていたため監視からそれてしまったようなのです。

また、「伝承的」なものとして、①ゲルマン神話などにおける「雷帝は東方より来る」伝説。そして②東方の国に住む「キリスト教聖者としてオネスト・ジョン」伝説など多数あることが知られています。

ちなみに竜蛇族は基本的に「霊的」な存在であり、アーリア人（遊牧スキタイなど）の一部をDNA遺伝子操作により作り出し、操っているということです。

・**葦船**…葦原の国に自生している葦によって作った船のことです。葦原の国は当然日本のことですが、シュメール・エジプト・カナン（イスラエル）もすべて同じ意味になります。そして、エジプトにいたモーセが生まれてすぐ葦舟で流されるという出来事につながります。

・**淡嶋**《あわしま》…サブの神であるイザナギ（地球プロジェクト総責任者＋「月」）が「神」に似せて地球環境に合致している類人猿のピグミー・チンパンジーからテオトニー化等の遺伝操作して作り出したプレ・アダムたち（原始におけるピグミー族など）のことです。

・**不入子**…子供として数えない・カウントしないということです。『古事記』の数字のゲマトリア的な解釈のため、そのように記載していると思われます。また、「全きもの」追求です。

③「大八島国の生成」

・布斗麻邇《ふとまに》…「太占」などの占いによって「政《まつりごと》」の良否を決める。大事なことは人間などの身勝手（ヒューマニズムなどを含む）や多数決で決めるのは最上ではないということです。可能であれば「神意」を確認し、そして実行・実践することが極めて重要です。占いで「神様」を確認させていただくにはサニワ（審神者）が必要不可欠となります。

・女先言一而不良…創造主（女性性）の存在を隠すため。人間社会におけるルールの一つとして決定しているらしい。また、創造主が「神の七日間計画、つまり神の至福千年王国」を容易に実現するために男性を好んでいるためなのか。

・淡道之穂之狭別嶋《あわじのほのさわけしま》…兵庫県の淡路島のこと。また地球規模ですと日本列島のことです。

・伊像之二名嶋《いよのふたなしま》…四国地方のこと。またオーストラリア大陸のことです。

・隠伎之三子嶋《おきのみこしま》…島根県の隠岐の島のこと。またグリーンランド島です。

・筑紫嶋《つくしじま》…九州地方のこと。またアフリカ大陸のことです。

・伊伎嶋《いきのしま》…長崎県の壱岐の島こと。また現在すべてが存在していませんが、アトランティス大陸（現カナリヤ諸島付近）のことです。

・津嶋《つしま》…長崎県の対馬のこと。またイングランド諸島です。ここで『古事記』などの日本神話においては、ある程度「津島」がキーワードになっています。日本列島もそうですし、また、奥津島（福岡県）の重要性も認識できると思います。関連性が高い愛知県の「津島神社」なども確認調査してみるのも面白いことだと思います。

・**佐度嶋《さどのしま》**…新潟県の佐渡です。また南極大陸のことです。今現在は特に関連性が少ないかもしれませんが、地軸の変化により大いに活用できる地域かもしれません。

・**大倭《おおやまと》豊秋津嶋《とよあきづしま》**…日本の本州のことです。またアジアおよびヨーロッパ全域となるユーラシア大陸そのものとなっています。ここまではほとんどが旧大陸関係となっています。つまり、南北アメリカの新大陸は含まれていないというのがあります。ちなみに地域的なものとしては、「北海道」が北米大陸であり「台湾」が南米大陸となります。しかしながら創造主イザナミの関心が低いため、記述されていないのが現状です。

・**大八嶋国《おおやしまぐに》**…日本列島のことであり、「八」の字のように末広がり的に発展することを意味しています。また地球における主要な世界ということとなります。

④「神々の生成」

・**大綿津見神《オオワタツミノカミ》**…海の神。スサノオの別名か。スサノオは海原神です。

・**大山津見神《オオヤマツミノカミ》**…山の神。スサノオの別名。ニニギ関連姉妹の父。

・**大宜都比賣神《オオゲツヒメノカミ》**…食料特に農作物の神。スサノオの異性別名神か。基本的にはスサノオに殺されてしまう役ですが、その身体から作物などができます。頭から蚕、二つの目から稲種、二つの耳から粟、鼻から小豆、陰処（生殖器）から麦、尻から大豆が生まれました。またスサノオの別名と考えられます。そして神産巣日御祖命（カミムスビミオヤノミコト＝カミムスビ＝スサノオの別名）がそれを種としたのです。

・**火之迦具土神**《ヒノカグツチノカミ》…正式名は火をつかさどる火之夜芸速男神《ヒノヤギハヤヲノカミ》、もう一つの別名火之炫毘古神《ヒノカガビコノカミ》ともいいます。さらなる別名が火之迦具土神であり、この御子は燃える火の神であったために、イザナミの陰処《ほと》を焼いて、そのためイザナミが患って床に就き、最終的に亡くなってしまいます。また、この神はスサノオの別名と考えられます。それは「生贄儀式」の起源と考えられるからです。

つまりイザナミが火の神を生んだことが原因でこの世を去った。そして妻を失い嘆き悲しんだイザナギが、初めての男子である火の神の頭を切って血を流し焼き殺した。つまり創造神でありメインの神であるイザナミに対する忠誠心・服従心と奉げもの・貢物を表しているのです。このため「初子の雄（男子）を生贄として首を切り血を流し焼き殺す」ことが忠誠および服従の証となっています。そしてこのことを常にイザナミはイザナギなどに求めています。

これは『旧約聖書』におけるアブラハムが一人息子であるイサクを生贄にしようとしたことと同じです。また、最終的に身代わりの羊を生贄にささげていますが、基本的には初子の雄であることが条件です。ここで面白いのは『旧約聖書』の理由がこの『古事記』により明確に示されているということです。当然イサクはスサノオの別名となるとともにイサクとヤコブ・ラケル・レアの親子関連もあります。これはかなり複雑化されています。

・**生嶋壹拾肆嶋、神参拾伍神**…国・神生みした数。島の数が一四、神の数が三五、合計で四九となりイザナミが死んでしまいます。人間は苦しんで死ぬということの表れです。

⑤「火神被殺」

・**迦具土神、頸斬**…イザナギがイザナミの死に伴う（創造主・主神であるイザナミへの）忠誠心を表す＝「証」するため、己の初子の男子（迦具土神＝スサノオ）を生贄に奉げたのです。それも、生きている男子（または家畜であれば初子の雄である牛、羊、鳩など）を刀などで首を切って血を流し、火で焼いて奉げる（ホロコースト）という儀式なのです。つまりここで副神である高き存在のイザナギさえも主神イザナミに絶対服従しているということになります。

ちなみに「ホロコースト」とは、ドイツ語もしくはユダヤ系ドイツ人の日常語であったイデッシュ語で燔祭といいます。その意味は、「獣や家畜などを丸焼きにして神前に供える犠牲、つまり奉げもの」のことになります。つまりユダヤ教においては本当に神前への捧げものは生きた初子の男子（敵または家畜など）を首切りして血を流し火で丸焼きにするということです。一部においては続けられているところもあるという噂があります。しかし、このことの本当の意味をよくかみ締めてみる必要もあるのではないでしょうか。

どうもイザナミはこの服従心をすべてのもの「主神以外の存在」に求めているような雰囲気も持っているようです。しかしながら日本神話ではそれ以上の記述がないように思われます。

・**泣女**…日本ではなくなりましたが、今現在でもアジア各地にあります葬式などで故人を偲ぶ「泣き女」のルーツとなります。

・**刀剣**…刀剣そのものの重要性を述べています。宗教などの神事に絶対必要なこととパワー（軍事力、強制力、権力）・戦さ・戦争などにおいても重要なものとして表されています。

・**竜神**…雨などを司る神です。風水害などをも自由自在に操ることが可能な科学技術集団である竜神族そのものです。元はアトランティス系人だったのがアトランティス沈没後にムー人と和解した一部の人々のことになります。この人々はもともと霊的にスサノオ系が入っていた可能性があります。ムーとアトランティスとの戦争の後に「平和」を愛好した人々であり、そして真の創造主のもとにムー側に馳せ参じた神々・竜神であるといえます。

・**水神**…谷川や沢の水などを司る神です。その後、飲料水および農業耕作地などの農業用水や生活水になる川の水となります。スサノオ系の神です。

・**山津神の各種**…この迦具土神の斬られてバラバラになった体から次々と山などの神が生まれてきます。つまりこの迦具土神が大山津見神の別名であり、スサノオの別名でもあるということが理解できると思います。『旧約聖書』におけるイサクの役割のようです。

⑥「黄泉の国」「黄泉国《よもつくに》」

※ここは死んだものの魂が行く「霊界」または「地獄界」という場所の説明になります。

・**黄泉国《よみのくに》**…死んだものが行く地下の国・世界のことです。

・**夜見之国《よみのくに》**…黄泉国の別名。暗黒の夜を思わせるところ。

・**根堅洲国《ねのかたすくに》**…黄泉国の別名。地下の国を意味する。↓ここは、イザナミ（妣・ハハウエ）とスサノオがいる地獄界である。ただしイザナミは姿を消したいためなのか。つまり西の果てにおいて『旧約聖書』の「ヤハウエ」の神として出現することが予定されているように思われるのです。またスサノオにおいては「サタンの役」があるように思われます。

・**根国**（ねのくに、ねこく）…黄泉国の別名。死者の世界です。

・**故、可還**…イザナギのイザナミに対する懇願しているところ。創造主への誓願である。ここにおいてまたイザナギのイザナミへの絶対的な忠誠心を具体的に表しているところである。

・**故、欲還**…懇願されたので元に帰りたい心を表している。イザナミはイザナギの自分（創造主）に対する忠誠心の強さに惹かれ、とてもうれしくなっている状況を表していると考えられます。ここでは神の陰陽の両面を表しています。陽は表であり、光の神・創造主のことになります。陰は裏であり、闇の神であり悪魔的な存在となります。「神」は善悪を超えた存在ですが、細かく説明させていただくと、両方を併せ持つ存在であるということなのです。私があまり好きではないヒューマニズム的感覚でいうと、ここでも人間の「魂」が嫌になるほどまねているところになっています。

　ちなみに「ヒューマニズム（人間中心主義）」ということ自体が「神」の存在を否定する言葉であり、最悪な状況を人間にもたらすということを肝に銘じてください。しかしながらイザナギがそれでも「陰の神になった」イザナミをまだ慕ってくれていること、どのような時でも創造主に対して従順なことがうれしいのです。

・**莫視我**…「振り返って私を見てはならぬ」というイザナミの厳しい命令口調の言葉です。同じようなものに民話の「鶴の恩返し」や『旧約聖書』などにもあります。

・**見辱吾**…「私の恥ずかしき姿を見たな」という怨念と罰を与える極刑的な条件。

・**黄泉醜女**《よもつしこめ》…黄泉国の醜い女神である魔女たちのこと。
・**蒲子**《えびかづらのみ》…野葡萄のこと。黄泉国付近に自生か。原産地については、中近東（南西アジア）・アジア・日本にも自生種があります。しかし食用などの若干大きめなものは、やはり中近東の自生種が適切なのではないでしょうか。
・**笋**（竹の子）…筍のこと。黄泉国付近に自生か。原産地については、南西アジアからヨーロッパにかけての地域で、その後アジア日本地域に伝播しました。現在食用にするのは孟宗竹が多い。
・**八柱の雷神**（大雷、火雷、黒雷、折雷、若雷、土雷、鳴雷、伏雷）…イザナミに従う雷神であり地獄の神々。悪魔たち？。後に風神雷神はともにスサノオのことをも指すようになります。また「八柱」については末広がりの八であって、意味的には無数に広がりつつある状態の大本が八つほどに集約して概要を捉える様子という意味と考えられます。後ほどの八岐大蛇も同様です。
・**千五百の黄泉軍**…千五百人の黄泉の国の軍隊。「千五百」とは「ちいほ」のことであり、数が非常に多いこと、または無数という意味です。ゲマトリア数字とは若干違うところがあるかもしれませんが、『古事記』においては数の多いことの単位として「千・万・十万・百万・八百万」を使うとともに「五・五十・五百など」を良い意味または対抗数字として使っているようです。
なお面白いことに聖書関連においても『旧約聖書』では「千・万・十万など」を使用し、新約では「五・五十など」を使用しているようです。地獄界の悪霊邪鬼・悪魔の軍勢のこと。
・**桃子三箇**…桃の実三個のこと。黄泉国付近に自生か。黄泉国と地上界の境界付近に自生か。原産地については、現在の中国の黄河流域上流（青海省付近）です。中国では邪気を祓い不老長寿とされている仙人が食する木の実です。また日本民話の赤鬼青鬼退治の「桃太郎伝説」などがあります。「三」とは物事が安定する・争いが鎮まり収まる様子を表します。このため黄泉国・地獄界の邪鬼や悪魔たちは恐れおののき逃げてしまい、静かになったのです。

・**千引《ちびき》の石《いわ》**…千人力でやっと動くほど・引っ張れる大岩のこと。「千」は（人）数がものすごくいること、数の非常に多いこと。

・**事戸《ことど》**…（夫婦の）離別・離縁を言い渡すこと。

・**一日に千頭絞《くび》り殺さむ**…一日に千人死にます（黄泉の国・霊界・地獄へ連れ行く）ということ。簡単に言うとイザナミが「毎日千人殺してやる」ということです。自然の摂理・大原則で人間が死ぬことを書いています。生きているもの（生物）はすべて必ず死ぬということです。形あるものは必ず壊れます。千人とは数がものすごく多いことです。

・**一日に千五百の産屋を立てむ**…一日に千五百のお産場所を作って子供を産ませますということ。イザナミが言った言葉に対してイザナギが「毎日千五百人生ませるようにする」ということです。差し引き五百人で国の人口が増えていくということです。自然の摂理からすると生物の基本は子孫を増やすことにあります。ですから「自然増加」ということをここでは表していると考えられます。千五百とは前出のとおり、数が非常に多いということになります。

・**黄泉津《ヨモツ》大神《オオカミ》**…黄泉の大神のこと。イザナミの別名。地獄界の盟主サタン、またはルシファー、あるいは悪魔王か？　後ほどスサノオがサタン役になるのか？

⑦「禊祓と神々の化生」「禊ぎはらい」

・**禊**…「みそぎ」とは身の罪・穢れをはらうため水で清めること。また「祓い」とは取り去ることになります。ここでは黄泉の国・不浄のものである地獄界の厭な出来事および醜い穢れたイザナミの雷神や邪鬼及び魔物と魔女たちとの争いなどを水に流し、以前の清いからだと心に戻すことをいう。

・**綿津見神**《ワタツミノカミ》…海と水に関する神であり、身体を水に注いだ場所として、ここでは底筒・中津・上津綿津美の三柱海神のことをいいます。基本的には海の神である大綿津美神と同じであり、別名としてはスサノオと考えられるものです。

・**海人**《あま》…具体的には漁師・漁村民のことであり、これがやや行動範囲が広がってくると海洋民族的行動をする「安曇《あずみ》」一族などとなるようです。

・**住吉**《すみよし》…現在の大阪府にあります綿津美神三柱の「住吉神社」あるいは「墨江《すみのえ》」大神にあたるものです。祭神は底筒・中筒・上筒之男命の三柱海神。

・**左の御目**…この時点における最高神であるイザナギが神聖な箇所である「顔」を洗う場面です。イザナギが左の目を洗ったときに生まれた神が別名天照大神《アマテラスオオミカミ》です。「禊」という、とても大切な神事に際して最後の大事な場面となります。この時の第一子であり、女性性・長女という位置づけでありながらも「日嗣」となります。政治的操作箇所か?

・**右の御目**…イザナギが右の目を洗ったときに生まれた神が別名月読命《ツクヨミノミコト》です。このときの第二子であり、女性性・次女という位置づけになります。

・**御鼻**…イザナギが鼻を洗ったときに生まれた神が別名建速須佐之男命《タケハヤスサノヲノミコト》です。このときの第三子であり、男性性・長男という位置づけになります。
・**一四柱**…不浄なものや穢れなどを流す「禊」という行動のなかで、数字においては語呂合わせ的かもしれませんが、一と四の柱で「イーヨ・吉」という「言霊」の意味に考えられます。

⑧「三貴子《みはしらのうずのみこ》の分治」

・**終い**…「最後」ということ。重要なものあるいは大事なものを一番最後とする。「鳥《トリ》・しめ」などという。日本においては通常「末子」相続が普通であったときの名残か。親からすると一番下の子供がかわいいし、両親が死に別れるときに独立している兄たちと違い、独り立ちできないような感じとあいまって、相続としてきたことが多いようです。
・**三柱の貴子**（神）…数字的な「三」であり、神の安定性を表していると思います。
・**御頸珠飾り**…イザナギから日嗣の印としてアマテラスに渡した「玉飾」です。
・**高天原**《たかまがはら》…太陽を象徴とする神にふさわしい場所となります。ここでは場所よりも「昼の国」ということです。当然部分的にはムー大陸の日本という地域が含まれています。旧約においては時間的にずれてきますが、メソポタミア〜地中海地域が担当となります。
・**夜之食国**《よるのおすくに》…月を象徴とする神にふさわしい場所と月による地球のコントロールみたいなことも含むようです。ここでは「夜の国」ということです。あまり日本という地域は含まれていないように感じられます。たぶんあるとしても日本の北部地域としての東北地域かもしれません。地球全般的な見方とすれば、若干時間的にずれてきますが、中央アジア～南アジア、具体的にはインド地域が担当となります。

・**海原**《うなばら》…海原を象徴とする神にふさわしい場所となります。基本的には「海の国」ということになりますが、地球上における「太陽」と「月」関係以外の全ての大自然の現象を担当することになります。具体的には「海（島を含む）・山（陸を含む）・火・水・木・金・土・雷・風など」です。当然地域的には、海原である日本を始めムー大陸やアマテラスとツキヨミの支配地域以外のすべてを担当していることになります。また前述以外の具体的な場所として東アジア、東南アジア、太平洋、南北アメリカなどもあります。

ただし、「神の七日間（至福千年王国）計画」以降では、アマテラス（『旧約・新約聖書』や『コーラン』的なもの）およびツキヨミ（『リグ・ヴェーダ』などや仏典・経典的なもの）に対応するサブ的な役割も存在しています。

⑨「須佐之男命の涕泣」「うけいの勝負」

・**国不治**…「国を治めていない」ということです。しかしながら意味的には「荒ぶる」神として表しているとおり、また「追放」という形においては修行に行くということにつながります。

・**八拳須**《やつかひげ》…髭が長くなっても、かまわず荒れているということです。補足的なことですが、「新モンゴロイド」と呼ばれている新しいアジア人、具体的には現代中国人・朝鮮人・モンゴル人・東南アジア人などは髭などの体毛が薄いため、白人系みたいに伸びることは少ないようです。反対に東アジア人で髭が伸びるということは、旧モンゴロイドが日本人にいるということになります。

これはＤＮＡ遺伝子情報によるＤやＥのＹＡＰ系を持つものとか、現在日本人以外に世界中どこにも存在しないというＹＤＮＡ遺伝子の「Ｄ２」というものに証明されていることになると考えています。

・**枯れ山と河海乾き**…荒れすさんだ国土の様子などを現しています。

・**妣《はは》の国根堅《くにねのかた》須国《すくに》**…母・イザナミがいるという死者の国ということです。具体的にいいますと黄泉の国、夜見の国であり死者の国、地獄ということです。

・**国可不住此国**…イザナギによる海原（ムー大陸？の平地部）からスサノオを追放ということです。一つの説として追放または海原の国から地獄へ追い出された堕天使というものがあります。そして違う説として修行および魂の向上のためとするものです。これは興味が湧くことに『新約聖書』におけるイエス・キリストの修行時代と似ています。

・**淡海の多賀に坐す**…イザナギが神話の物語から不在になったところです。現在の日本に当てはめると滋賀県琵琶湖のそばにある多賀というところになります。時間的場所的に考えてみますと、カスピ海からアラル海を望む中央アジア地域ということになるようです。その後イザナギの活躍するのはたぶん南下して南アジアのインド地域を含んでいるものと思います。
また、当然ながらイザナギの別名であるツキヨミに関しても同一行動をしたものと考えられます。ここではヒンズー教においては宇宙維持神の「ヴィシュヌ神」や仏教においては「聖観世音菩薩」となったようです。ヴィシュヌ神ですから仏陀にもなっています。

四　「天照大神と須佐之男命」

①　「須佐之男命の昇天」

・**高天原参上**…スサノオがいた海原から姉であるアマテラスが治めている高天原へ上っていったということです。イメージ的には海岸や平地（ムー大陸の平地部）にいたスサノオが高い山々にいた神々の国（ムー大陸の高山としての日本列島…状況によっては現在の岐阜県周辺か?）、アマテラスのところへ上っていったという感じになります。

旧約的な地形区分からすると平野の河口部分であるメソポタミアのスサ地域（海原）からユーフラテス川上流域の小アジア地域（高天原）に行ったということでしょうか。

・**我国奪う**…「日嗣」しているアマテラスの高天原を弟のスサノオが戦争を仕掛けてとろうとしていると考えたのも当然なのです。建前上、日本神話は基本的に男子（男子系）が「日嗣」していることになっています。ここではイザナギが日嗣の最初であり、アマテラスを除いて次からは長期間、男子（男子系）・オシホミミ、ニニギなどです。確かにオシホミミそしてニニギはアマテラスとスサノオの子供と孫にはなっていますが、日嗣はあくまでもアマテラスから伝えています。政治的な操作がなければ男子のスサノオが日嗣の正統者となってもよいはずなのですから……。このような状況からして奪い取ろうと考えても問題はないと考えられます。

旧約と旧約時代の偽書偽典などからしますと、天国・エデンの園におけるアダムなどに対する神の溺愛から嫉妬した大天使であり、後の天使長ミカエルと双子の兄弟である初代大天使長、その後堕天使または魔界の王となったサタンとの争いの始まりかと思われます。

・**御髪を解き**…男性の格好に姿を変え身支度したということ。女性であるアマテラスが男性風にして戦うという様子を表しています。旧約において大天使ミカエルは男性となっていますが、本来は女性なのではないかと思います。ここでは双子の兄弟である元天子長サタンと戦うために男装または男性化していると考えられます。

・**五百、千、五百**…神の好きな数字「千」と「五百」であり、前回と同様な内容です。

②　「天の安の河の誓約」

・**天の安川**…「安川」という地名については推定が困難のようです。しかしながら意義的には神聖なる場所を流れ、下界と境界をなす清らかな川として伊勢神宮などにおける「五十鈴川」的なもの、あるいは「飛騨地方の宮川」などと考えられます。旧約においてはユーフラテス川そのものか、またはその中流の支流だと考えられます。そして場所的にはメソポタミア地方のティグリス・ユーフラテス川上流域の一つハラン地域であると考えられます。

・**うけい**…「神の神意」を確かめる行為のことをいう。物事の吉凶及び白黒を明確に判断する場合などに「必ずこうすべきである」と心に決めて「神意」を受ける行為になります。卜占（八卦みたいなものか?）などの性格が強いものとされています。

・**天之真名井**《あめのまない》…「神聖な水」を汲むべき井戸であり、真実の井戸みたいなものです。「うけい」という儀式のために取り急ぎ安川の近くに掘ったものではないかと思います。

・**奥津島比売命《オキツシマヒメノミコト》**…アマテラスがスサノオの十拳剣をとって三段に折って「うけい」をした結果生まれた神であり、スサノオの長女・多紀理毘売命《タキリビメノミコト》のことです。福岡県宗像神社の玄界灘に浮かぶ奥津宮のことであり、ちょうど朝鮮半島の手前にある対馬との中間に位置します。ここでも「津島・つしま」という言葉が入っているほど重視されていることになります。

・**三柱**…スサノオの十拳剣から生まれた宗像三姉妹の神です。長女の多紀理毘売命《タキリビメノミコト》、次女の市寸島《イチキシマ》比売命《ヒメノミコト》（別名狭依毘売命《サヨリビメノミコト》）、三女の多岐都比売命《タギツヒメノミコト》の三柱となります。

・**正勝吾勝勝速日天之忍穂耳命《マサカツアカツカチハヤビアメノオシホミミノミコト》**…スサノオがアマテラスの勾玉などの玉飾りを「うけい」した結果、生まれた神です。アマテラスの長男であり「日嗣」としてのオシホミミです。ただしここで若干理解しにくいことですが、高天原の役割および系図などの関係から別名スサノオであるとの可能性も考えられます。旧約においてはアブラハムの息子であるイサクであると考えられます。建前においては一回生贄により死んでその後復活したものであり、儀式的なものおよび系図的なものが重要であって、その後の「神話の中における」大きな役割自体を有していないと考えられます。

・**五柱**…アマテラスの玉飾から生まれた五柱の神様です。「日嗣」する長男は正勝吾勝勝速日天之《マサカツアカツカチハヤビアメノ》忍穂耳命《オシホミミノミコト》、次男は天之菩卑能命《アメノホヒノミコト》、三男は天津日子根命《アメツヒコネノミコト》、四男は活津日子根命《イクツヒコネノミコト》、五男は熊野久須《クマノクス》毘命《ビノミコト》となります。ここで面白いのはアマテラスの子供になっていますが、役割的にはスサノオの子供のように振る舞っているところがあります。特に次男のアメノホヒと三男のアメツヒコが該当しています。

・**物実我物、自吾子**…「それぞれのものの持ち主が子の親となる」ということです。ここではアマテラスの玉飾りから生まれた五柱の息子はアマテラスの子供となります。先に生まれたスサノオの剣からの三柱の娘はスサノオの子供になります。これは神様同士による「うけい」でできた子供（神々）なのですが、どちらかというと一般的なイメージにおいてはアマテラスとスサノオの結婚というほうがスムーズに理解できるのかもしれません。

③ **「須佐之男命の勝さび」**

※高天原・天之国における罪→エデンの園における「原罪」→モーセの「十戒」か。

・**心清き明し**…「うけい」で生まれた子供が心の優しい女の子であれば、心が清く明るいということです。このことは「うけい」の判定基準みたいなものと理解できるでしょう。

・**誓約による勝**…誓約《うけい》＝神の占いの結果によるもの。相互の力関係やパワーなどではない「真の神意」による勝ちということです。

・**勝さび**…「勝負に勝った勢い」ということ。この結果、天国における罪を犯していくことになり、戒めの原因となるのです。①営田の畔を離ち――アマテラスの作っている神田の畦道を壊すこと――②溝を埋め――神田の水口を埋めること――③新嘗御殿に屎まき散らす――（神田で収穫した新米を奉納する儀式）アマテラスの神聖な儀式である新嘗祭を行う神殿に糞尿・屎尿を撒き散らすこと――などの悪行して回ったのです。

この「勝さび」によるスサノオの乱暴狼藉は、「農耕社会」の掟を破ることとほぼ同じであるということです。そしてこのことは直接、「凶作」そして「飢饉」につながってしまうという恐ろしい結果になるものなのです。だからこそ厳しい処罰へとつながっていくのです。

・**悪しき態止まず**…さらに乱暴狼藉となったということ。続いてアマテラスが神に献上するための衣を織る忌服屋《いみはたや》なる神聖な御殿にいて機織を眺めていたときに→④服屋の頂を穿ち――その忌服屋の天井の屋根に大きな穴を開け――⑤天の斑馬《ふちこま》を逆剝ぎに剝ぎて堕とし入れ――天にいる斑色をした馬のその皮を逆剝ぎに剝いだ無残な姿にさせその穴から真っ逆さまに投げ入れた――⑥天の服織女見驚き梭《ひ》に陰処衝きて死ぬ――機を織っていた機織女の一人がこれを見て驚きのあまりに機具の梭の端に陰処《ほと》を突き、それが原因で死んでしまった――ということなのです。戒めとしては当然、日常的な罪が存在しますのでこれに追加する必要があります。

特に、機織女ということについてですが、古代の日本における布・織物の貴重品ということに加えて、それ以上の「神聖」や「霊」の象徴的なものになります。また織物そのものについてはユダヤやギリシャなどにおいても霊意の象徴とされ特別視されたものなのです。

ちなみに「モーセの十戒」についてカトリックとプロテスタント・ルーテル派の内容について書き出します。

①「私以外の神はない」(唯一の神)②「主の名をみだりに唱えてはならない」(神の名は神聖)③「主の日を心にとめ聖別せよ」(安息日)④「父母(両親)を敬え」…ここまでは、神と人との関係です。⑤「殺してはならない」(殺人防止)⑥「姦淫してはならない」⑦「盗んではならない」(窃盗防止)⑧「偽証してはならない」(嘘つき防止)⑨「他の妻を欲してはならない」⑩「他の財産を欲してはならない」となります。

ここまでは人と人との関係になります。

また安息日については若干差異があります。ユダヤ教の安息日（シャバト）は創世記による神の休息＝七日目の休みということで「土曜日」となります。キリスト教の安息日（サバト）ではイエス・キリストの復活の日である「日曜日」ということになります。

イスラム教の安息日（サブト）はマホメット・ムハマンドがメッカを脱した金曜日に基づいています。曜日のカウントについては、創世記の通りになりますが、具体的には「最初は神の霊が海となっているのです。そして日曜日「一日目、光あれ…昼と夜」→月曜日「二日目、天（空）と海」→火曜日「三日目、海と陸（国・島など）」→水曜日「四日目、太陽と月プラス星々」→木曜日「五日目、生物、具体的には植物と動物」→金曜日「六日目、神に似せた人間など」→土曜日「七日目、天地が完成し作業が終わったので休まれた」の順序となります。

④「天の石屋戸」「天石屋戸」

※神がいなくなったために世界が真っ暗闇となり、そしてまた再び神が蘇り世界が明るくなる「再生または復活物語」。または日の神がいなくなると闇になり、暗い夜を過ぎて再び朝を迎えて日の神が出てくるという大自然の営みに関する原理・原則のこと。「冬至」の祭りという感覚も考えられます。新約のイエス・キリストにおける処刑～再生復活と似たような物語になっています。
こちらも「冬至」関連のクリスマス行事が考えられるのです。

・**見畏《みかしこ》みて**…ここではスサノオを「恐れはばかって。怖がって」ということです。

・**天《あま》の石屋戸《いわやと》**…天石屋の奥にこもって戸を閉めたということです。この時点の場所といいますと、日本列島であり飛騨地方という場所になります。その地域での岩山の洞窟またはピラミッドの内部かと考えられます。また新約的なもの、つまりキリスト教においてもイエスが処刑または殺害される直前の暗闇がある。そして処刑されたあとの遺体の置き場または墓場としての洞窟が出てきます。なお復活を確認したのは妻マグダラのマリアひとりとなります。

・**高天の原**…神々がいる天上の国のことです。この時点における場所はムー大陸の神聖な場所としての日本列島であり、そのなかでも飛騨地方ということになります。旧約などでは、中近東のユーフラテス川の上流地域です。

・**葦原中国《はしはらのなかつくに》**…普通の人々が住むところです。この時点における場所としてはムー大陸の平野部ということになります。『旧約聖書』ではメソポタミアの流域となります。

・**高御産巣日神《タカミムスビノカミ》**…天地始めて開けしとき高天原におられた（存在していた）天つ神のアメノミナカヌシ――別名は創造主イザナミ――が「陰陽」の形をとったときの二柱の一人「陽」のほうとなります。この神様は主として宇宙の創造的生成を司っています。別名はアマテラスのことです。旧約的には神の右に座するものとして大天使ミカエルのことです。

・**思金神《オモイカネノカミ》**…タカムスビの子であり、難問難題を解く知識豊富な神様のことであり、今回の問題解決に関しても中心的な役割を担っています。同じく別名は、アマテラスのことです。よく理由がわからないのですが、アマテラスは「数字」へのこだわりと「お金＝貨幣経済」についてはとても好きなようです。どういうわけか論理的構成方法というかロジックの組み立ておよび頭脳的なスマートさを追求している側面があります。ここを聖書的に理解すると「知恵のあるもの」「六六六の数字を解せよ」とか神・創造主の神意や宇宙の構造やそれらの「相似形」を理解し、知ってほしいという願いがあるのかもしれません。

・**天安河の河原の堅石**…宮川などの手ごろな大きさの石でとても硬いものということです。旧約的にはユーフラテス川の上流域にあると思われる堅い石であると考えられます。

・**天金山の鉄**…飛騨山中で鉱物資源である鉄が採れるところか？　現在でも飛騨・信濃地方および東北地方では「鉄鋼石」が採れています。また、「砂鉄」に関しては日本列島はまんべんなく採れているようで、北海道、東北、関東、山陰、九州地方で産出があります。旧約的には「ヒッタイト帝国の鉄」のことのようです。ヒッタイト（旧約的な呼び名は「ヘテ」）とは小アジア、現在トルコのアンカラ（ガラテア人の地域→後のケルト人）地方のことになります。

・**天津麻羅**《アマツマラ》…イシコリドメが鏡または状況によって矛を作るための鍛冶・製鉄をしたものを示しているようです。この名前に「神・命」などの神号がつけられていないので鍛冶を専門としている集団の名前ではないかと考えられます。他の古文書においては一部「鍛冶の神様」として記載されています。またヒッタイト人・トロイ人・ケルト人（ヨーロッパ大陸のガリア人、海のブルトン人そしてアジアのガラテア人など）との関連もあると思われます。

・**伊斯許理度売命**《イシコリドメノミコト》…「石の鋳型を用いて鏡を鋳造する老女」の意味で祭壇用の「鏡」を作っています。普通考えられるきれいな石を磨いて作ったというものとは違います。具体的には「八咫鏡」——のちの天皇家に伝わる「三種の神器」の一つとなる——などのことであり、後にはアマテラスのご神体としての「鏡」があります。また、作鏡連の祖神であり、天孫降臨時における五伴緒の一人として随伴しました。

・**玉祖命**《タマノヤノミコト》…イザナギの子（『日本書紀』の記述）でまたは天明玉命のことです。玉造部の祖神で具体的には「八尺瓊の勾玉」――後に天皇家に伝わる「三種の神器」の一つである――の五百個珠飾りを作成した。また天孫降臨時における五伴緒の一人として随伴しました。

・**天児屋命**《アメノコヤネノミコト》…神事全般を使った神様です。具体的には①フトタマとともに「真男鹿《まおしか》卜占い（太占《ふとまに》）」をして神意が良であることを確認した。②皆と一緒に「御幣」をつくった。③ひとりで「祝詞」を奏上した。④フトタマとともにアマテラスが岩戸を少しあけたときに「鏡」を持って見せた。このような極めて重要な役割を持っていたのです。

『古事記』においてはコヤネの系図は全く出てきません。これだけ重要な役割を担っているのにもかかわらず不明というのも少し奇妙だと思わせます。ただしこのコヤネの子孫というものが明確化されていて「卜部氏」↓「中臣氏」↓「藤原氏」となります。そして現在日本人の苗字で多数派を占めているものがあります。第一位の佐藤氏をはじめ斎藤氏、加藤氏等の「藤」のつく人たちです。これらすべてがこの一族というか同族ということになっています。

また貴族においては「近衛家」「一条家」「鷹司家」等が存在します。この中で近衛家に至っては天皇家の側近中の側近であり、天皇家に継ぐ家系といっています。天皇の后および夫人・妾などの女性のほとんどすべてがこの藤原家出身なのです。当然のように天皇から生まれた子供は半分藤原の血であり、平安時代になると全員が藤原の血といってよいほどなのです。つまりは「源氏」と「平氏」においても全部がそのような関係にあるのです。ところがどういうわけかその先祖神が明確ではなく不明扱いになっています。

ただ面白いことにこの『古事記』や『日本書紀』の編纂に特別な監督指導したときの最高権力者に藤原不比等がいます。「中臣・藤原家」には何らかの詳しすぎる内容があるため不明扱いにワザワザしているのではないでしょうか。不比等が亡くなって盤石な藤原・大中臣体制が完成した後において「藤原家」は系図を付け加えています。……しかし、本当のところはわかりません。

その内容としては天津神の三柱つまりアメノミナカヌシ・タカムスビ・カミムスビのところにいきなり出所不明な「津速産霊神《ツハヤヒムスビノカミ》」という神様が入っています。そしてこの高貴な神の子孫が中臣家・藤原家だけだというのです。普通のロジックから考えてみて、神学的な数字の「三」という大切なところを変えることはできません。たしかに「記紀」について修正はしていないし、「藤原家」の家伝にだけそのように書かれているだけですから、問題がないといえばそうかもしれません。それでも『古事記』やそれ以外のことなどについても、ほとんど日本国を牛耳って政治経済・神事および軍事の一部までコントロールしていたのですから、なかなか理解しづらいツハヤムスビの神様です。たぶん「隠された謎」があると考えられます。

それは「ツ」・「ハヤ」・「ムスビ」に関する神様などのイメージです。最初の「ツ」はツシマでありスサノオ関連です。次の「ハヤ」はちょっと強引ですが、タケハヤであり、神様においてはスサノオを除いては名乗っていないようです。最後の「ムスビ」ですが、基本的にはタカムスビとカミムスビの二柱だけとなっています。三位一体や三柱関連を考えますと、「ムスビ」なんだけれどももっと大切なものがあって、私たちはこの「ムスビ」ですよと言っているように思えます。

本当のところは、カミムスビ（スサノオの別名）の長男の系統であり、次男の原始天皇家ととても深い関係にあるようです。また、『旧約聖書』に出てきますイスラエル十二部族の一つであるマナセ部族のように、それぞれ半部族ずつアマテラス系天皇とスサノオ系天皇に付いて常に主要な神事的側面などから補佐し続けるところにとても特色があるようです。本音で考えているのは中臣・藤原一族はマナセ・レビ族であるということです。

それでは系図的に申しますと①アメノミナカヌシ―カミムスビ―長男系統アメノコヤと「日嗣」天皇家―イザナギとイザナミ、②アマテラス―オシホミミ―ニニギ―ホヲリ（山幸彦）―（ウガヤ）―長男五瀬命と次男（四男）「日嗣初代天王」神武天皇、③アブラハム―イサク―ヤコブ・イスラエル―ヨセフ―長男マナセと「日嗣」次男エフライムの関係になると考えられます。

このため常時表裏一体的な感じで「日嗣」である天皇家を補佐（大連《おおむらじ》的なものとして）していたと考えられます。ただ、最初の頃は神事と政治的なものをもバックアップしていたと思いますが、天皇家の子孫（大臣《おおおみ》）が増えたため政治・経済や軍事については退いていたのではないかと考えられます。

その後大臣家の蘇我氏の横暴があって神道自体を消滅させかねない状態にあったため、仕方なく「大化の改新」などにより政治的なものに介入し始めたものと思います。一時、大連の物部は国家中枢から断絶し追放、中臣家もほぼ断絶状態で神事のため鎌足が残っていただけです。だから反権力的な九鬼文書がでるのです。また、天孫降臨時における五伴緒の筆頭として随伴しました。

・**布刀玉命《フトタマノミコト》**…タカムスビの子（『古語拾遺』の記述）であり忌部、斎部氏の祖となります。太占《ふとまに》を行い、アメノコヤネとともに祭祀を司る神となります。天孫降臨時における五伴緒の一人として随伴しました。忌部氏は生き残るために、藤原氏と結びつき、斎藤氏となっています。『旧約聖書』ではモーセの兄アロンの一族であるレビ族と考えられます。

・**天の香具山**…高天原の山ということで場所の特定が困難と思われます。ただ香しい木々がたくさん生えている神聖な地域としての「奥の院」的な山（現在の奈良公園の鹿がいるような場所）と考えられます。

・**牡鹿、鹿の骨、鹿卜占い**…神代の頃から「鹿《しか》（シカまたはＳＣの発音する部族などが関連）」を神聖視または部族の守り神的に取り扱っています。その神の使いであると考えている「鹿」の骨を使い占うことで神意を確認することとなります。太占《ふとまに》（すべての現れ・万象のことであり＝陰陽と同意義）と同じであり、その別名「鹿占い」とも称されています。

また古代日本において行われた獣骨（獣の骨・卜骨とは鹿の骨、特に牡鹿の肩甲骨のこと）を「ハハカ（朱櫻・桜木の一種）」で焼き、串刺ししたうえ、熾《お》きにかざし、その亀裂の大きさや方向うぃわゆる割れ目の模様などで神意を確認し吉凶を占うことです。それも一回限りということで効率は極めて悪いのですが、たったの一回性ということで強い力やスピリチュアルなエネルギーを感じ取ることができると考えられています。

・**榊の木**…サカキ（真賢木）のことであり、古代日本の暖かい地方の山に自生する椿科の常緑樹のことです。神聖な木つまり神様の宿る依代《よりしろ》とされ、あわせて神聖な場所とされるものです。また、東北などの寒いところ－現在榊の北限は福島県といわれていますーでは自生しないため杉や樅の木、樫の木を代用しています。

ここで面白いことにヨーロッパ白人であるゲルマン系の人々やギリシャ人・ローマ人・ケルト人なども同じように「樅《もみ》の木」「樫《かし》の木」（ぶな・なら等を含む）を神の木として神聖なものであり、とても大切にしていたのです。また、ユダヤ教（ユダヤ人）の一部において榊を使用しています。今でも「樫の木」の葉っぱを含めて重視しているとともに、「樅の木」もキリスト教化された後も大切なものとして残ったようです。ですから今でも祭り、特にクリスマスツリーなどにも使われているようです。

・**八尺鏡《やたのかがみ》**…「八咫鏡」ともいわれているものです。最初に基本的な意味としては「大きい――八咫――鏡」ということになります。次に数字的な尺度として「八咫」は「大きな尺」ということです。古代においては身体尺――ただし尺貫法やメートル法は公尺で、ここで説明しているものは市尺という区分です――つまり手で測ることになっていました。一尺は親指から中指までとし男性で約一八センチ女性で約一六センチとなります。その後、体の回りから大きくなり家屋や土地の単位と移ったため、手尺から足尺となっていきます。古代においては大体約二四センチぐらいでした。これは英米で使用しているフィートと考え方、測定方法は全く同じであるということになります。

なお、今回問題にしている「尺」については、鏡であるため古代の手尺となる、つまり化粧用の「手鏡」が該当します。手鏡については女性の片手に収まることを考えますと、約八センチが普通の大きさです。そして、この手鏡よりも大きく、かつアマテラス女神用の尺の幅ということになります。そうすると具体的には幅が倍になり、かなり大きくなるところの直径約一六センチである「円形鏡」ということが考えられます。

・**白と青の和幣《にきて》・御幣《みてぐら》**…白い木綿と青い（碧）麻の「布」ことをいいます。古代においては貴重品であったため、このようにして神へ奉納したものです。現在はお金も含みます。

・**祝詞《のりと》**…「のりとごと」であり、神への敬意を表す言葉のことをいいます。これは、神の徳を称え崇敬の意を表する内容を神に奏上し、もって加護や利益を得るための文章です。そしてこれを神主などの神職が朗誦することです。

・**天手力男神《アメノタヂカラオノカミ》**…アマテラスが少しだけあけた天の岩戸を自慢の怪力により一気に開き、高天原を明るくした神様です。タヂカラが飛ばしたその岩戸が二つに分かれ片方が信濃の「戸隠」地域に落ち、もう片方が日向の高千穂地域に落ちたという伝説があります。のち天孫降臨時に三種の神器に関連して「霊」が随伴し伊勢などに鎮座しました。

ちなみにこの二カ所以外に怪力を活かした物語がなく不思議とそこで終わってしまうのです。

本来、三貴子誕生後の『古事記』においては、ほとんどがアマテラスとスサノオ関係が必ず出てきます。ただし、この「天の岩戸」自体についてはスサノオが登場しません。つまりこの高天原の支配者であるところのアマテラスがスサノオの荒ぶるさに恐れて隠れてしまうのです。それでいてスサノオは何もしていないのであり、なおかつ他の神々によってとらわれたという記載もありません。スサノオをしのぐ怪力の神が存在していないということの証明になっています。物語自体も「再生復活」をすることの意義であれば確かに納得できますが、スサノオが黙っているというのが不思議でなりません。

そこでこのタヂカラの神社関連を探して調査してみたところ面白いことに当たりました。ひとつは東京都品川区にある荏原神社です。この神社はタヂカラを主祭神としていますが、もう一つの別名が「南の天王社」となっています。ご存知のように「天王社」とは、スサノオの別名です。続いて修験道においても面白いことがありました。修験道は神道の山岳宗教と密教が合体したものです。その中で越中「剣岳」がタヂカラをご神体としていて、また密教的には同じ「剣岳」を不動明王として祀って（ご神体として）いるのです。今まで述べてきたように仏教、特に密教不動明王はスサノオの別名です。

ここにおいて類推しますと、タヂカラはスサノオの別名であると考えられます。実際には多数の神社の祭神にタヂカラとスサノオがセットで、あるいは隠すためなのかその他の神々とともに祀られているのが多数見つかるのです。そして当たり前のようにタヂカラと大山津美神、カグツチ関連にも多くあります。

ちなみに「剣岳」関係として越中の剣岳以上に面白いのが四国徳島県の「剣岳」となります。当然のようですが、ここでは直接スサノオが鎮座しておられます。

・天宇受売命《アメノウズメノミコト》…おそらく「巫女の集団」であり、当然一部においては、神前における「舞や踊り」

（神事及び芸能関係）も担当したであろうと推測されます。それは天の岩戸にこもったアマテラスが外が騒がしく怪しいと思いちょっとあけてみたらウズメが踊っていた。そこでアマテラスが直接ウズメに何も問題なく聞いたということは以前から親しい関係――ここでは神霊の儀式などにおいて共同作業的なものをしていると考えられる――にあるとともにウズメ自体も即答している様子――普段の仕事などにおいて密接な関連があると考えられること――から、そのことをうかがうことができます。なおかつちょっとだましテクニックまで披露していますので相当親しい関係と考えるのが普通だと思います。この巫女という立場からしますと「日嗣」関係主（アマテラスやニニギなど）に対しても常に側近にいるということになり、当然のように物語数が多くなってきているように思います。「天の岩戸」「天孫降臨」「猿田彦」「五伴諸」「猿女の君」「海鼠」などたくさん登場してきます。のち猿田彦との結婚などにより猿女氏の祖および一部において稗田氏にもなります。天孫降臨時における五伴緒の一人として随伴しました。

・**槽《うけ》**…空っぽの桶を裏返しにして台つまり踊りのステージにしたということです。

・**轟《とどろ》き**…轟くばかりに踊った様子のこと。女性（巫女）の裸踊りか？

・**千《ち》位《くら》の置戸**…罰として千の座の上に罪を贖う（金品で罪を償う）品物を載せて差し出すこと。

・**鬚を切り、手足の爪抜く**…同じく罰として金銭的なもののほかに体罰的なものとして①鬚を切り②手足の爪を抜くということです。このことは、古代日本における男性の象徴としての鬚を切り落とし、そして生爪剥がしという心身的な極刑を加えたということになります。

・**高天原からの追放**…罪を犯したため罰として高天原を追放されたということです。旧約的にはエデンの園にいたアダムとイブが蛇の誘いに乗じて禁断の木の実（りんごか？）を食べたということで原罪を犯し、天国から追放されたということに重なっています。

⑤「五穀の起源」「須佐之男命の追放・穀種」

・**大気津比売神**《オオゲツヒメノカミ》…イザナギとイザナミの子であり、食物（自然食品）をつかさどる神です。同じイザナギとイザナミの子であり、食物をつかさどる豊宇気毘売神《トヨウケビメノカミ》はカグツチ関連ということで調理した食物、つまり供物などが担当となります。

　ここでまたスサノオが関連してついにはオオゲツを殺してしまうのです。しかしながら自然食品を細かく「五穀」などに区分して農作業の始まりを意味していると考えられます。ここでスサノオ自身が自然現象のほとんどすべてをあらわしているということを考えてみますと、オオゲツ自体がスサノオの別名であると考えて全く問題がありません。

　また後ほどですが、スサノオの子に穀物の神である兄・大年神《オオトシカミ》、弟・宇迦之御魂神《ウカノミタマノカミ》または稲荷神あるいは御食津神《ミケツカミ》がいるのは、このような意味合いからなのではないでしょうか。なぜか意味不明ですが、オオトシカミの息子（羽山戸神《ハヤマトノカミ》）とオオゲツは結婚して子供の神を八柱産んでいます。

・**頭に蚕**…大切なものとして五穀の前に「織物」の材料として蚕になっています。
・**二つの目に稲種**…五穀の最初として「稲種」つまりお米です。
・**二つの耳に粟**…稲に続く五穀ものとして古代日本においては粟でした。また、国作りも「アワ」

は重視されており、四国徳島県の「阿波」、そして関東千葉県南部「安房」が存在しています。また時代の変化によっては「稗」や「黍」なども五穀として数えられた時期もあります。

・**鼻に小豆**…五穀の三番目として小豆《あずき》です。

・**陰処《ほと》に麦**…米・粟に匹敵するものとしての麦であり「大麦」「小麦」二種類のようです。

・**尻に大豆**…五穀の最後として大豆《だいず》であり、いろいろな食材として重宝されています。

・**神産巣日御祖命《カミムスビミオヤノミコト》**…穀物の祖先の神であるカミムスビのことです。ここでは五穀の穀物を取り集めて「種」とした記載されています。今まで書いてきましたようにすべてがスサノオの別名でまとまっています。カミムスビ＝スサノオ＝オオゲツとなります。

⑥ 「須佐之男命の大蛇退治」「八俣の大蛇」「八雲たつ」

※ムー大陸の開発事業、特に治山治水事業が主要なものと考えられます。

・**地に降り**…出雲地方へと降りてきたと考えられます。ただし『日本書紀』においては新羅（おそらく朝鮮半島の南端）に舞い降りたということになっています。ここで拡大解釈的に言いますと、巨大ムー大陸の西北端の山地が日本列島であるとともに高天原となりますので、降りた地点は南側のムー大陸における広大な大陸の平地部であり、かつ南側の若干の山地近辺（現在の太平洋ミクロネシア地域か？）であると考えられます。いまだ開発が十分ではない場所であり、これから治山治水事業が開始されるときであると思います。旧約的にはチグリス・ユーフラテス川に囲まれたメソポタミアの平野部を開発するということとなります。ただこの場面「シュメール」は旧約においては主要な箇所ではないためほとんどカットされているようです。

・**大山津見神**《オオヤマツミノカミ》…山の神であり、別名はスサノオ自身となります。その子である足名椎《アシナヅチ》と手名椎《テナヅチ》。そして足を撫で手を撫でるほどにして可愛がる孫のクシナダが登場しています。泣いているのは八人の娘のうち七人まで餌食として大蛇に殺されているからです。意味的には自然の猛威、つまり治山治水（対洪水を含む）の処置が不十分なために多くの犠牲者が出ていたということでしょうか。

アシナヅチはのちにスサノオから稲田宮主須賀之八耳神《イナダノミヤヌシスガノヤツミミノカミ》という名をもらっています。

・**櫛名田比売**《クシナダヒメ》…アシナヅチとテナヅチの八女のことです。両親に手足ともに撫でられとても可愛がられた子供のことです。ヤマタノオロチ退治ののちにスサノオの妻となります。ちなみに「大和《ヤマト》撫子《ナデシコ》」の語源とされる女性です。

・**高志**…「コシ（越）」といえば、現在の北陸である越前から越後の地域をさしています。ムー大陸の南側山間部として現在の太平洋メラネシア地域と考えられます。旧約的には現在のユーフラテス川沿いのトルコ南部からシリア地域と考えられます。

・**八俣の大蛇**《おろち》…大自然の猛威の象徴としての大蛇（恐竜系か？）であったと考えられます。

・**頭が八つ、尾が八つ**…大きな山脈が八カ所、大きな河で暴れて洪水や氾濫を起こすのが八カ所であったと考えられます。または「八」は「多くの・数々の」という意味でも可能です。

・**八鹽折**《やしおおり》…八遍も繰り返して醸造した強い酒のことです。意味的には大規模な土木作業に適する液剤もしくは関連する施設工具などと考えられます。

・**八つの桟敷、八つの酒船**…桟敷とは治山に必要な道路や地積のことと考えられます。また酒船とは治水に一番大きく関係してくる「ダム」的なもの全体ではないかと思います。また治山治水によって、より鉱山開発が行われました。技術も発達し鍛冶などの産業も起きてきて、このため名剣で三種の神器の一つである「草薙の剣」もできたと考えられます。

・**八雲立つ**…治山治水が完成して一段落でき、「須賀《すが》」というところで「ホッ」とした時に読んだ大自然と国土を愛する歌です。何かあると「歌」にするという民族性をよく表しています。旧約での「詩篇」や「箴言」または「雅歌」や「哀歌」と同様であると考えられます。

ここで「須加」という地名について考えてみたいと思います。「すが」ではなく「すか」で、なおかつ「SC」として考察するととても面白いです。以前にも書いた通りに「鹿《しか》」もSCというローマ字キーワードで読み解いてみました。たぶん、同じような意味を持っていると思います。そうしますと日本全国いたるところにこのような地名が存在します。またメソポタミアの地域においてもそのまま「スサ」が存在しています。今現在の太平洋地域においては残念ながら存在していませんが、たぶん地理的条件から見た場合、ミクロネシア地域の「パラオ」付近が該当するのではないかと考えられます。第二次世界大戦前においても大日本帝国南洋庁の所在地であり、因縁が浅からずなものがあるようでして、現在でも親日的な友好国なのです。

・**八島士奴美神《ヤシマジヌミノカミ》**…須佐之男命と櫛名田比売の息子のことです。

・**木花知流比売《コノハナチルヒメ》**…オオヤマツミの娘です。ここではおそらく別名のことであり、本来は石長姫《いしながひめ》のことであり、木花佐久夜毘売（ヤコブの妻となる妹の「ラケル」です）の姉であると考えられます。やや混乱気味となりますが、旧約におけるヤコブ――この場合はニニギ――の妻となる姉の「レア」

の別名ということになります。

・**布波能母遅久奴須奴神**《フハノモヂクヌスヌノカミ》…八島士奴美神と木花知流比売の息子です。ここは別名などがあるとともに時代的に変化する地名などが錯綜するため、かなり理解することが困難な箇所となっています。

ヤシマはスサノオの息子であるとともに別名オシオミミ（イサク）の息子ニニギ（ヤコブ）となります。またコノハナチルはスサノオの別名オオヤマツミ（ラバン）の娘姉妹の姉（レア）です。実際この神は多くの兄弟たちの集合名だと考えられます。ところがあまり『古事記』では重要視されていない箇所のようですから、詳細な記述がありません。あるいは別の歴史を歩んでいるため、意思の疎通が図れなかった状況と考えられます。それではその兄弟たちとは、『旧約聖書』で言いますとルベン・シメオン・レビ・ユダ・イッサカルなどです。こうなりますと『古事記』と『旧約聖書』の系図がかなり重なってきます。

・**～の子○○、○○の子△**…誰々の子誰々、その誰々の子誰々～と父と子の名前による系図の表し方です。『旧約聖書』の系図の表し方と同じです。また、キリスト教やイスラム教においても同様な書き方となっています。

・**大国主神**《オオクニヌシノミコト》…スサノオの子孫である天之冬衣神《アメノフユキヌノカミ》と刺国大神《サシクニオオノカミ》の娘である刺国若比売《サシクニワカヒメ》との子である。

そしてほかに別名を四つも有している神様です。別名①大名持ちという意味の大穴牟遅神《オオナムヂノカミ》、②武勇を称えたという意味の葦原色許男神《アシハラシコオノカミ》、③八千矛神《ヤチホコノカミ》、④この国の守護神という意味の宇都志《ウツシ》国玉神《クニタマノカミ》というふうになっています。

・**五つの名**…単純的には五つの名を持つ神様となりますが、やはりここでは多くの尊称を併せ持つ神様ということであると考えられます。あるいは五人有名な国王・皇帝としての神様が記述されているということもあると思います。どちらかというと中国「漢」時代初期の司馬遷が書いた『史記』における五帝と似たような内容だからです。もともとこの五帝は「ムー帝国」の五人の皇帝を書いたものと思われます。ちなみに同じ司馬遷などが書いたといわれる「三皇」は伏義《フギ》・神農《シンノウ》・黄帝《コウテイ》または天皇・地皇・泰皇（人皇）と呼ばれています。古代日本で三貴子（神）とよばれたアマテラス・ツキヨミ・スサノオに比較する（並ぶ）ことができると思います。また同一内容であると考えられます。

五　「大国主命」「大国主神と兎」

①　「稲羽の素兎」

※末弟を売り飛ばすか殺そうとする多くの兄たちと弟の物語。『旧約聖書』のヨセフ（ヤコブまたはイスラエルの子供である）の奴隷売買物語に類似しているようです。

・**大国主神の兄弟**…オオクニヌシには母を異にする八十人の兄弟がいたということです。そしてこの兄弟のほとんどは年上の兄たちということになります。旧約において父より寵愛されていたヨセフは、ユダをはじめ異母兄たち十人により散々いじめ受けていたということでした。

・**皆国は大国主神に避りき**…この年上の兄たちは弟であるオオクニヌシ、別名のオオナムヂに全部荷物を預け先に稲羽《いなば》（のちの因幡）へ行ったのです。

・**八上比売《ヤガミヒメ》**…当事における花嫁候補一番といわれた因幡の姫のことです。

・**裸の兎**《あかはだ》…因幡の白兎が鰐《わに》を騙したため生皮を剥がされた状態になっていたことです。『旧約聖書』では砂漠の隊商（キャラバン）に該当するように思われます。

・**鰐**《わに》…海に棲んでいる怖いものの存在です。イメージ的には海賊みたいな感じだと思います。『旧約聖書』では盗賊・山賊あるいは中近東のベドウィンか？

・**兎に教え告げり**…本人の告白に基づき必要なことを諭すことにあたると考えられます。神事での洗礼あるいは懺悔の行いに近いものだと考えられます。『旧約聖書』においても信じる神と個人の関係に近いものと思われます。

② **「八十神の迫害」「大国主神の受難」**

・**殺さむと共に議**《はか》**りて**…嫌いな弟を兄たち全員で殺そうと計画し、結果的に殺してしまうことです。『旧約聖書』においても兄たちがいなくなってしまうようにと計画し実行しました。

・**神産巣日命**《カミムスビノカミ》…カミムスビは生き物、つまり植物や動物ならびに人間の生死もつかさどる神なのです。またスサノオの別名であり、オオナムヂを生き返らせます。

③ **「根の国訪問」「根国での冒険」**

※末弟が異国の地で苦難に会う物語。『旧約聖書』のヨセフ（ヤコブまたはイスラエルの子供）のエジプト奴隷および牢屋物語に類似しているようです。また、一部においては欧州・イギリスなどの昔話であるところの「ジャックと豆の木」の物語にも似ていると思います。

・**遂に八十神のために滅ぼさえなむ**…オオナムヂが再生復活しても、なお執拗に殺そうとしてくる異母兄たちの行動を表しています。

・**根の堅州国**…ネノカタスクニとはスサノオがいるといわれる黄泉の国のことです。オオナムヂの母が祖父神であるスサノオのところへ行って避難しなさいと言われ、旅立ったのです。『旧約聖書』の場合においては奴隷としてエジプトへと売られていったのです。

・**須勢理毘売**《スセリヒメ》…根の国におけるスサノオの娘のことです。のちにオオクニヌシまたの別名葦原色許男《アシハラシコヲ》を父の試練から助け出してその妻（エジプト人の妻であるオンの祭司ポテベラの娘アセナテのこと）となります。ヨーロッパ昔話である「ジャックと豆の木」における雲の上でジャックを手助けをする巨人の妻的な感じがします。しかしながら、おそらく旧約聖書的にはちょっとでてきません。

ここで「ジャックと豆の木」について敷衍、つまりちょっと説明させていただきます。オーストラリア系ユダヤ人ジョゼフ・ジェイコブスがオーストラリアのデカイ豆とアングロサクソン民族の昔話を元にして、一八三〇年、本として出版したものが今現在世界で知られているものです。

物語は、イングランドのアルフレッド大王の時代――八七一年から八九九年在位、当初ウェセックス王、その後統一イングランド王。バイキングのデーン人侵攻から唯一守りきったアングロサクソンの王国であり、「イングランド七王国・ヘプターキー→ノーサンブリア（アングル人）、マーシア（アングル人）、イーストアングリア（アングル人）、エセックス（サクソン人）、ウェセックス（サクソン人）、ケント（ジュート人）、サセックス（サクソン人）」、そしてイングランドを統一したことにより、英国史で唯一の大王・グレートと称されています。

——イングランド南西部の田舎に母親とジャックという少年の二人が住んでいました。

「牛と魔法の豆」：ジャックが牛を売りに市場へ向かっていたとき魔法の豆と牛を交換してしまいました。帰ってきたら母親に怒られ、その魔法の豆も窓から庭に捨てられました。

「巨大な豆の木」：次の日にジャックが起きて庭を見てみるとそこには巨大な豆の木があったのです。まるで天高く伸びていてもいくすじもの雲を越えて延びていたのです。さっそくジャックはその大きな豆の木に登ってみることにしました。

「雲の上の宮殿」：ジャックは軽々と登り、だんだんと家も小さくなってきました。そうして、雲を何回も何回も乗り越えていくと厚いくて広い雲の上には大きな宮殿が建っていました。それはとても見事なものであり、恐る恐る中に入っていくことにしました。

「巨人の奥さん」：宮殿の中はとてもきれいで、なおかつ数え切れないほどの金銀財宝でできた装飾品や高価なものであふれかえっていました。またその宮殿内のものはすべてでかくてとても普通の人間では大きすぎて使い物にならないようなものばかりでした。これらのものに見とれていたら偶然人間の女性と会ってしまったのです。

「人を食う巨人」：そうしたらここは巨人の家で、ここにいたら食べられてしまうので早く家に帰りなさいと言われたのです。

「台所に隠れる＝巨人の奥さんに助けてもらう」：ところがすぐ帰ろうとしたら運悪く巨人が戻ってきてしまったのです。このため急遽巨人の妻がジャックを台所に隠してくれたのです。

「宝物を盗み出す①金と銀が入った袋②金の卵を産む鶏③話ができるハープ（竪琴）」：宮殿に戻

ってきた巨人は妻に人間の子供のにおいがすると言って家中を探し始めます。それでも何とか隠れながら逃げ回りました。探し回った後で巨人は疲れたようで金と銀の袋を置いたまま眠ってしまったのです。じっとその様子を見ていたジャックは帰る前に金と銀の袋を奪い、すぐさま戻ったのでした。家に着いたあと母親に事情説明したときに初めて父親が巨人に殺されたことを聞いたのです。そして、翌日も雲の上にある天上の宮殿の中へと入り込んだのです。今度も巨人の居ない隙をうかがって金の卵を産む鶏を手に入れたのです。翌々日もジャックは天上の宮殿へとやってきました。今回は願いを聞いてくれる竪琴つまりハープの様子を目にしました。巨人がウトウトと眠り始めたため、おうっと忍び寄りハープを手に取ったのです。ところがいきなりハープが巨人を起こしたのです。さあ大変、怒った巨人がジャックを捕まえにきたのです。

「巨人から逃げる」：手にハープをしっかりと握ってジャックは一目散に豆の木へと逃げてきました。そしてするすると地上へと降りていったのです。ところが巨人もあとを追って豆の木をつたわって追いかけてくるのでした。

「豆の木を切り倒して逃げ切る」：捕まる寸前のとき地上へおり斧を持ってまめの木をすぐさま切り倒したのです。豆の木にいた巨人もろとも倒れてしまい、その後巨人の姿かたちも見えなくなったのです。

「家族が金持ちとなり幸せになる」：その後、ジャックは数々の金銀財宝を得たため母親とともにとても金持ちになりました。そしてとっても可愛い奥さんをもらって幸せに暮らしたそうです。

ちなみにヨーロッパの西側大西洋に浮かぶイギリス諸島――グレートブリテン島およびアイルランド島など――は歴史的に見て大陸側から征服・コンクエストの連続でした。当初いたとされているイベリア人→ケルト・コンクエスト（ケルト人による征服）→ローマン・コンクエスト（ローマ人による征服）→ゲルマン・コンクエスト（アングル・サクソン・ジュート人による征服、ただし後ほどアングロサクソン人と自称しますが実質的には「島」のサクソン人です。理由は「大陸」のザクセン人がドイツの中で現在でも住んでいるからです。具体的な地域としては、ザクセン州、ザクセン・アンハルト州、ニーダーザクセン州、ヴェストファーレン・ノルトライン州などです。）→ノルマン・コンクエスト（ノルマン人による征服です。実際はバイキングの主体であるデーン人が西フランク――現在フランス――の征服地域でフランス化した人々のことです。ただし、このノルマンディー伯爵もイングランド王、デンマーク王とともに親戚関係です）→英仏百年戦争及びペストによりアングロサクソン人の地位回復、つまり歴史的な諸原因により征服された地位からノルマンと同列になったということです。これ以降については基本的には大陸側からの征服は一回もありません。名誉ある独立を保っているのです。ヨーロッパにおける政治軍事的【バランサー】としても有名です。

なおアングロサクソン人がイングランドに来ていたのは、ローマ帝国の軍隊（補助兵という位置づけ）に傭兵としてで、平和なときにもかなり存在していたようです。またローマ軍を除隊した後もゲルマニアなどのザクセン地域から家族を呼んで生活していた住居跡も確認されています。

この後にヨーロッパ大陸ではローマ帝国が東西に分裂、そして西ゴート人により「ゲルマン民族の大移動」が始まり、ついにはブルタニア（現在のイングランドのこと）からローマ軍団が急遽撤退したのです。基本的にはローマ化したブルトン人が残されたのですが、「力の空白」が生じたため、北にいたスコットランド北部のピクト人が襲撃するようになり他国に助けを求めることになったのです。このとき傭兵としてのゲルマン人の強靭さが知られていたために、イングランド在住のザクセン人を介して、大陸のザクセン人の一部が傭兵として招かれたのです。このザクセン人の傭兵がピクト人の襲撃を撃退させ、スコットランドの北方に封じ込めたため、一時的に平和が訪れたのです。

ちょうどゲルマン民族の移動の波に乗り、このザクセン人が次から次へと大陸の仲間や家族（現在ドイツのニーダーザクセン地域を中心として）そして隣にいたアングル人（ユトランド半島南端地域、現在はぎりぎりでドイツ領）のほぼ全員とジュート人（ユトランド半島北端地域、現在はデーン人が北から移住し居住しているためほとんどがデンマーク領）全員にも伝えて、大陸から島へと渡ってきたのです。当初は平和的で先住のブルトン人とともに生活していたようですが、パワーバランス的にゲルマン民族であるアングロサクソン人が強かったため、最終的に征服されていったようです。

また童話「ジャックと豆の木」に関してはゲルマン系アングロサクソン民族の英国（ウェールズ、スコットランド、北アイルランドのケルト系も含む）とケルト系民族アイルランドだけではなく、米国、カナダ、オーストラリアなどのアングロサクソン諸国、ゲルマン系ノルマン民族北ヨーロッパ諸国、バルト系民族諸国、スラブ系民族諸国などでも同様な物語が伝承されているようです。

・蛇の室…毒蛇が棲んでいる部屋のことです。この毒蛇の難を逃れるためにスセリは夫であるアシハラに蛇用の領布《ひれ》をわたしました。この領布は蛇を自由自在にする呪力を持ったアイテムです。このためアシハラは無事に部屋から出てくることができました。また領布とは古代日本における女性用頸《くび》かけのマフラーみたいなもののようです。

・**呉公《むかで》と蜂との室**…今度は毒ムカデと蜂の部屋に泊まることになりました。ここでもスセリは夫のアシハラにムカデ・蜂用の領布を渡して難を逃れることができました。

・**内はほらほら、外はすぶすぶ**…野の中にある洞穴の状態です。何度も失敗したため、スサノオは鏑矢《かぶらや》（矢先に蕪のような形をして唸りをあげて射る矢のこと）を大野・野原に放ち、探してくるように命じたのです。そこでアシハラが野に入ると周囲から火を放ったのでした。ついに万策がつきて困っていたときにねずみがそばに来て「内はほらほら外はすぶすぶ」と呟き洞穴《ほらあな》の場所を教えたのです。そして火の難を避けていたら、例のねずみが鏑矢をくわえて持ってきたのです。このときスセリは夫が死んだと思い、また、スサノオもそう信じていたところ、無事鏑矢を持ったアシハラが現れたのです。

・**神の髪を握りて、その室の椽《たりき》毎に結い著け**…次にスサノオはアシハラに頭の虱《しらみ》をとることを命じました。この虱はムカデ大でスセリからもらった木の実などでとっているフリをしました。そのうちスサノオがウトウトと眠っている隙にアシハラはスサノオの髪の毛を垂木にくくりつけたのです。

・**五百引《いほびき》の石**…五百人力ではないと動けない大石で部屋の前を塞いだということです。

・**生太刀と生弓矢**…スサノオの大切にしている宝物の太刀と弓矢のことです。

・**天の詔琴《のりごと》**…神意を聞くための大事な竪琴《ハープ》のことです。アシハラはスセリを背負い、スサノオの「太刀と弓矢」ならびに「琴」を持ってネノカタス国から逃げ出したのです。
・**汝が庶兄弟《ままあにおと》**…「お前の腹違いの兄弟」つまり異母兄のことです。

④　**「沼河比売求婚」「沼河姫の歌」**

※恋の歌などについて書いてあり、恋愛歌および詩篇と似たような内容です。
・**沼河比売《ヌナカハヒメ》**…高志《こし》（越前から越後の地域）の女性で美人であったようです。
・**恋歌**…オオクニヌシの別名八千矛神《ヤチホコノカミ》とヌナカハとの恋する歌のことです。

⑤　**「須勢理毘売の嫉妬」「須勢理姫の歌」**

・**神語**（恋歌）…オオクニヌシの大后《おおきさき》であるスセリはとても嫉妬深い女性であったようです。ほかの妻ヤカミ姫に対しても、子供を産んでもそのまま子供を残して因幡へ帰ってしまったようなことがたびたびあったのです。基本的に大后以外の妻たちが複数いることが普通のことでした。けれどもスセリだけは異常に嫉妬深かったようです。そこでちょっと耐えられなくなったオオクニヌシが大和へ行こうとした時に読んだスセリとの歌です。

⑥　**「大国主命の神裔」**

・**多くの神々の名**…阿遅鉏高日子根神《アヂスキタカヒコネノカミ》（賀茂神社の神様）、下光比売命《シタテルヒメノミコト》、事代主神《コトシロヌシノカミ》等の多くの神様がいます。

⑦　**「少名毘古那神と国作り」「海から来る神」**

※メソポタミア地方へ海から渡ってきたシュメール人の物語に似ています。また一部においては「ノアの方舟」物語に近い感じがするところもあります。

・**少名毘古那神**《スクナビコナノカミ》…カミムスビの子で波（海）の彼方からやって来た小さな（小人のような）神のことです。オオクニヌシ別名アシハラ、もう一つの別名オオナムヂとともに出雲の国の建設発展に寄与したのです。ある程度、葦原中国が整ったため次の国（常世国）へと旅立って行ったのです。イメージ的にはメソポタミア地域へ海から渡ってきたシュメール人によく似ていると思います。

当初この地域にいた人たちと比べて若干背が低く、また頭髪が黒いという特色があります。そして文化程度が現代文明に通じるほどにかなり高く全ての都市文明が一夜にしてできた——あるいは短期間に完成したとまでいわれているのです。旧約的に近いものとしては、あのノアの方舟が到着した以降に似ていると思います。

・**神産巣日の御祖命**…カミムスビのことです。別名はスサノオだと考えています。

・**常世国**…海の彼方極限の地にある永久年齢の国のことです。具体的な国名については不明です。「極」といえば南極になるのかもしれませんが、人々が住むような国ではないので対象外となります。ここで考えられることは、旧大陸関連ではなく、たぶん新大陸関連の可能性があるということです。予想されるのは古代日本と同様な縄文土器が数多く発掘発見される中南米——コロンビアやペルーなど――あたりではないかと推測されます。

⑧「大年神の神裔」

・**大年神**《オオトシノカミ》…スサノオと神活須毘《カムイクスビ》の息子で穀物の神様です。スクナヒコが居なくなった後、出雲に舞い降りた神様となります。ただし、穀物関連ですので文明というより多くの農業、特に麦（大麦・小麦）などに関して生産性の向上に寄与したものと考えられます。遠い海原（ムー大陸か？）からやってきて、出雲そして今では大和（奈良県）の御諸山・三輪山にいる穀物を司る神様となっています。出雲が大いに繁栄する基盤を側面的に支えた格好になると思います。そして人口も爆発的に増加したことが予想されます。イメージ的なものとしてシュメールにおいては農業用の灌漑が急速に整備され、食料が増産し人口が爆発的に増加したことが確認されています。急速な文明開化と文化の交流となり、その他の民族との格差が急激に発生したものではないかと考えられます。こうなると周辺住民は大いに交流してきますが、やはり隙あらば「富」を略奪するような感覚に陥ってしまうのではないかと思います。だいぶ後ですが、そのような集団により破壊略奪行動が増えてきたようです。

・**数多くの神々**…多くの神々が生まれたようであり、二四柱以上に上ります。大山咋神《オオヤマクイノカミ》（日枝神社及び松尾神社など）等が有名です。

六　「葦原中国の平定」「高天原の使たち」

※① 「**天菩比神**」

※ここでは時代区分が前後しているようですが、大きくは出エジプト後のモーセとアロン、ヨシュアの「カナン征服」の物語に似ているようです。

・**豊葦原の千秋長五百秋の水穂国**…「豊かな葦原で長く久しく稲穂の実る国」の尊称ということです。旧約的にはカナン（葦原）の地をさしています。

・**天忍穂耳命の知らす国**…アマテラスとスサノオのうけいにより生まれた日嗣の息子である——高天原の息子——オシホミミが治めるにふさわしい国であると宣言しているのです。

・**天の浮橋**…高天原と葦原中国の中間に位置し、よく葦原中国が監視及び確認できる場所のこと。旧約的にはシナイ半島あたりなのか？

・**思金神**《オモイカネノカミ》…タカムスビの子であり、高天原随一の知恵者のことです。タカムスビとオモイカネの両者はアマテラスの別名と思われます。この時点においては、『旧約聖書』の「モーセと兄のアロン」に該当するものと考えられます。

・**天菩比神**《アメノホヒノカミ》…アマテラスとスサノオの誓約《うけい》により誕生した第二子の息子であり、兄のオシホミミのため先だって葦原中国へ降臨してきたのです。ところがオオクニヌシのよさに惚れ、そのまま出雲地方に住み着いてしまったということです。ただし、出雲市の伝説によれば、かなり平定に努力し、天孫降臨をスムーズにさせた立役者となっているようです。『旧約聖書』の「ヨシュア」に該当すると思われます。

②「天若日子」

※ここでは引き続きカナン征服なのですが、主人公として前段の一部が英雄サムソン、そして後段がイスラエル初代王としてのサウル王の物語に似ています。

・**思金神**《オモイカネノカミ》…また、高木神《タカギノカミ》も兼務していると思われる。この時点においては、『旧約聖書』の「預言者であり士師であるサムエル」に該当するものと考えられます。

・**天若日子**《アメノワカヒコ》…天津国玉神《アマツクニタマノカミ》の子です。この国を自分のもの（王となるため）にしようとした企み・謀議があったということになっています。『旧約聖書』の「イスラエル国初代王サウル」に該当すると思われます。

・**天之麻迦古弓と天之波波矢**…高天原にある大切な鹿狩用（鹿〈SC〉は極めて貴重であるため）の弓矢であり、宝物の一つです。地上の葦原中国を征服するための武器として与えたものです。また実際の民族のルーツ探しにも大きな影響を及ぼす可能性があると思っています。

・**下照比売**《シタテルヒメ》…大国主神の娘でありワカヒコの妻となります。

・**雉、名は鳴女**…雉で高天原からの使者です。

・**天佐具売**《アマノサグメ》…大国主命の召使をしている巫女です。ワカヒコに対して不吉である雉の射殺を勧めたため、結果的にはワカヒコ本人が死んでしまいます。

・**還矢恐るべし、雉の頓使**《ひた》**い**…因果応報ということです。

・**喪屋**《もや》…葬式関連行事についての説明です。河雁→棺前のお供え物、鷺→掃除する箒、翡鳥《におどり》→食事を供える人、雀→米をつく女、雉→哭女等であり、八日八晩死者の魂を慰めるため歌い踊ったというの役割です。

・**阿遅志貴高日子根神**《アヂシキタカヒコネノカミ》…大国主神の息子です。そしてシタテルの同母兄で賀茂大神のことです。亡くなったワカヒコと仲の良い友達で顔も姿かたちもそっくり生き写しだったため、遺族が間違えてしまったということです。

③「建御雷神」

※ここではイスラエル二代王として最終的にカナンを平定した若き英雄ダビテ王と一部息子であり三代目のソロモン王の物語に似ています。

・**思金神**《オモイカネノカミ》…高天原一の知恵者でありアマテラスの別名です。この時点においては、『旧約聖書』の「預言者であり士師であるサムエル」に該当するものと考えられます。

・**建御雷男神**《タケミカヅチノヲノカミ》…カグツチの孫であり、武勇では高天原で最強といわれるものの一人です。別名はスサノオであると考えられます。実際的に葦原中国を平定し天孫降臨を可能とさせた神様です。『旧約聖書』の「主として二代目王であるダビテ大王とその一部として三代目の王であるソロモンのこと」であると考えられます。

・**剣の神**…刀剣または兵器を表し、戦争および力強さそして英雄を示している。カグツチの首を切った後の血から生まれた謂れによる剣の神です。

・**天鳥船神**《アメノトリフネノカミ》…葦原中国へ行くための輸送手段である船の神のことです。

④「事代主神の服従」

※ここではカナンの地にいたエブス人の征服物語に似ています。

・**八重事代主神**《ヤエコトシロヌシノカミ》…大国主命の子であり、のちの賀茂氏となります。旧約的には海岸沿いに住む漁労民で「エブス人」であると考えられます。

⑤「建御名方神の服従」

※ここではカナンの地にいた強力なペリシテ人であり、その英雄である巨人「ゴリアテ」に対する征服物語に似ています。

・**建御名方神**《タケミナカタノカミ》…大国主命の子であり、好戦的な神様です。のちの諏訪氏になります。旧約における「ペリシテ人、特にゴリアテ」と考えられます。

⑥「大国主命の国譲り」「大国主神の国譲り」

※ここではカナンの地が平定されたことを物語っています。

・**大国主命**《オオクニヌシノミコト》…スサノオの子孫です。ここで国譲りをしたとされます。旧約でこの時点においてはカナンの人々が征服されたと考えられます。

七　「邇邇芸命」「朝日のただ射す国」

①「天孫の誕生」

※アマテラスの孫（オシホミミの子ニニギ）が天のお告げにより高天原から葦原中国へと降臨してくる物語です。ここでは若干時間軸が逆転されていますが、『旧約聖書』のアブラハムの子イサク、イサクの子ヤコブ、つまりアブラハムの孫イサク（途中からイスラエルと改名）が神の命によりタガマのハランからカナン（葦原の地）へ下ってくることに似ています。ただし現在の日本聖書協会における『聖書』では「パダンアラム」というふうに地名が変化しています。なおカナンの地は現在のイスラエル国周辺ではないようです。ひょっとしてサウジアラビアにおけるメッカ地方の南で隣国イエメンの北隣に位置するアシール地方ではないかと考えられます。

・**天忍穂耳命**《アメノオシホミミノミコト》…アマテラスとスサノオの誓約《うけい》でえられた第一子の長男です。『旧約聖書』のアブラハムとサラの息子で信仰により生まれた「イサク」です。

・**万幡豊秋津師比売命**《ヨロズハタトヨアキツシヒメノミコト》…高木神・タカギノカミの娘でありオシホミミの妻です。『旧約聖書』の「リベカ・レベッカ」と考えられます。この場合においては次男のヤコブだけが、どうやら本当の子供であるようです。つまり長男エサウの母親は違うようです。

・**天火明命**《アメノホアカリノミコト》…オシホミミとアキツヒメの長男でニニギの兄のことです。蝦夷のように毛が濃いことで有名です。後ほどサルタヒコの別名で登場します。旧約的な解釈においては「エサウ」のことを示しているようです。エサウもサルタヒコも毛が濃いようです。

・**邇邇芸命**《ニニギノミコト》…オシホミミとアキツヒメの次男でホアカリの弟であり正統、つまり「日の神の御子」をついでいます。このニニギが天の命によりアマテラスの孫として豊葦原水穂国を統治することになります。時間と場所が大幅に交錯することになりますが、『旧約聖書』では「ヤコブであり、大天神ウリエルとの相撲で勝ったことにより別名が「イスラエル」と考えられるのです。

②「猿田毘古神」

※ここではヤコブと出会う兄のエサウの物語に似ています。

・**天の八衢**《やちまた》…ちょうど高天原と葦原中国の中間地点のことです。『旧約聖書』ではエサウが住んでいたとされる「セイルの地、エドムの野」付近のことと考えられます。また、エサウが弟のヤコブ別名イスラエルと会ったときに、その家族たちとお辞儀をしている場所です。

・**天宇受売神**《アマノウズメノカミ》…巫女でもあり、かつ女性ダンサーで向かう者に対して微塵も恐れない勇気をもつ神であるため、サルタヒコを確認することになります。この時点では『旧約聖書』の女性性を持ちヤコブと相撲をする大天使ウリエルに似ているとと思われます。

・**猿田毘古神**《サルタビコノカミ》…伊勢国の五十鈴川の国津神であり、道案内役をしています。姿は鼻と尻が赤く天狗のようです。また、アメノウズメとのちほど結婚します。『旧約聖書』ではヤコブがタガマのハランから戻ってきて父であるイサクの元へ行こうとする途中で和解し、道案内する「ヤコブの兄である毛人（猿みたいに全身濃い体毛）エサウ」であると考えられます。

③「天孫降臨」

※ここではアブラハムの孫ヤコブが無事にカナンの地に戻ってきた物語に似ています。また、お供の五伴諸についてはイスラエル十二部族（大天使ウリエルと相撲をして勝ったために改名したもの）とな

るヤコブの息子たちが該当すると思われます。

・**五伴諸**《いつとものを》…タカムスビとカミムスビの兄弟から生まれた従兄弟同士の部族のことです。ここには当然天皇家と六家等の関係が濃厚です。特に「天の石屋」物語において中心的な人物のほとんどが入っていることになります。

なおこの五柱については、アメノコヤネノミコト→卜部氏・中臣氏・藤原氏、フトダマノミコト→忌部氏、アメノウズメノミコト→猿女氏など、イシコリドメノミコト→鏡作氏、タマノヤノミコト→玉祖氏になります。また宝物、つまり三種の神器として「八尺瓊の勾玉」「八咫の鏡（アマテラス本人として）」「草薙の剣」です。あわせてトコヨノオモイカネノカミとタヂカラオノカミとアメノイワトケノカミについては現身《うつしみ》を高天原にとどめ、霊代《たましろ》を添えて降下したようです。鏡とオモイカネの霊代は五十鈴の宮（伊勢神宮）に祀ってあります。先頭はアメノオシヒノミコト（タカムスビの子でありオモイカネとフトタマの弟になります。）→大伴氏、そしてもう一人はアマツクメノミコト→久米氏です。

・**高天原**…天上の国のことです。旧約この時点においてはタガマのハラン→現在のトルコの南で昔の小アジア南側、すなわちメソポタミアの上部であるユーフラテス河上流地域か？

・**豊葦原の中津国**…地上の国のことです。『旧約聖書』においては「約束の地カナン」→カナンは「葦原の地」という意味です。→解釈としてこの時点はメソポタミア（旧シュメール地域）か？

④「猿女の君」

・**猿女君**《サルメノキミ》…ウズメとサルタヒコとの子孫になります。巫女や芸能一般に関連している一族のようです。『旧約聖書』のこの時点における理解の方法としてはサルタヒコ関連が内容に思われ、独自な解釈、つまり若干理解が難しくなりますが、ヤコブと相撲をして負け（宗教的な儀式として）イスラエルと名乗らせるようにした大天使「ウリエルまたはアリエル（女性性）」と考えられます。

⑤　「木花佐久夜毘売」「木花之知流比売」

※ヤコブの妻であり姉妹でもある「ラケル」と「レア」の物語に似ています。
・**笠沙**《かささ》**の岬**…日向の一地域（細部は不明）です。『旧約聖書』ではユーフラテス川上流か。
・**木花**《コノハナ》**の佐久夜毘売**《サクヤビメ》…オオヤマツミの娘（妹）であり、別名神阿多都比売《カムアタツヒメ》といい、そして求められてニニギの妻となります。姉の名前はイワナガヒメです。そして本人については、富士山の神様になっています。『旧約聖書』ではラバンの娘（妹）「ラケル」であり、ヤコブの最愛の妻であると考えられます。
・**石長比売**《イワナガヒメ》…オオヤマツミの娘（姉）であり、別名木花知流比売《コノハナチルヒメ》といい、そしてニニギの妻と思われます。妹はコノハナノサクヤビメであり、八ケ岳の神様でもあります。『旧約聖書』ではラバンの娘（姉）「レア」でありヤコブの妻であると考えられます。
・**火照命**《ホデリノミコト》…ニニギとコノハナサクヤヒメとの第一子です。次の物語において別名ウミサチヒコといいます。
・**火須勢理命**《ホスセリノミコト》…ニニギとコノハナサクヤヒメとの第二子です。『旧約聖書』で次の物語においては、モーセの兄弟（兄）でアロンとなります。ただしここでの設定上はラケルの第二子の息子であり、弟の「ベンジャミン」と考えられます。
・**火遠理命**《ホオリノミコト》…ニニギとコノハナサクヤビメとの第三子であり日嗣の御子です。次の物語において別名ヤマサチヒコといいます。旧約で次の物語においては、モーセです。ただしここでの設定上はラケルの第一子で「ヨセフ」となってしまいます。

八　「火遠理命」「海幸山幸・綿津見の宮」

①　「海幸彦と山幸彦」

※兄弟であるウミサチヒコとヤマサチヒコが綿津見から得た「潮満ちる玉」「潮引く玉」などを使って争う物語となっています。旧約的には「出エジプト記」におけるエジプトで義兄弟的に育ったモーセとエジプトのファラオを中心にして展開する物語となります。

前半の一部においてはヤコブとラケルの水汲みの場面物語となっています。中ごろはちょうど綿津見の宮における境遇であり、ヨセフが奴隷としてエジプトに売られ、そして主人の奥さんにだまされて牢屋に入るところの物語です。後半はモーセとファラオが対立し、結果的に紅海を経てエジプトを脱出する物語となっています。
・**海幸彦**《ウミサチヒコ》…ニニギとコノハナサクヤヒメとの第一子ホデリであり権力的施行者を表しています。この時点における『旧約聖書』では「モーセの義兄弟としてのエジプトのファラオ」であると考えられます。

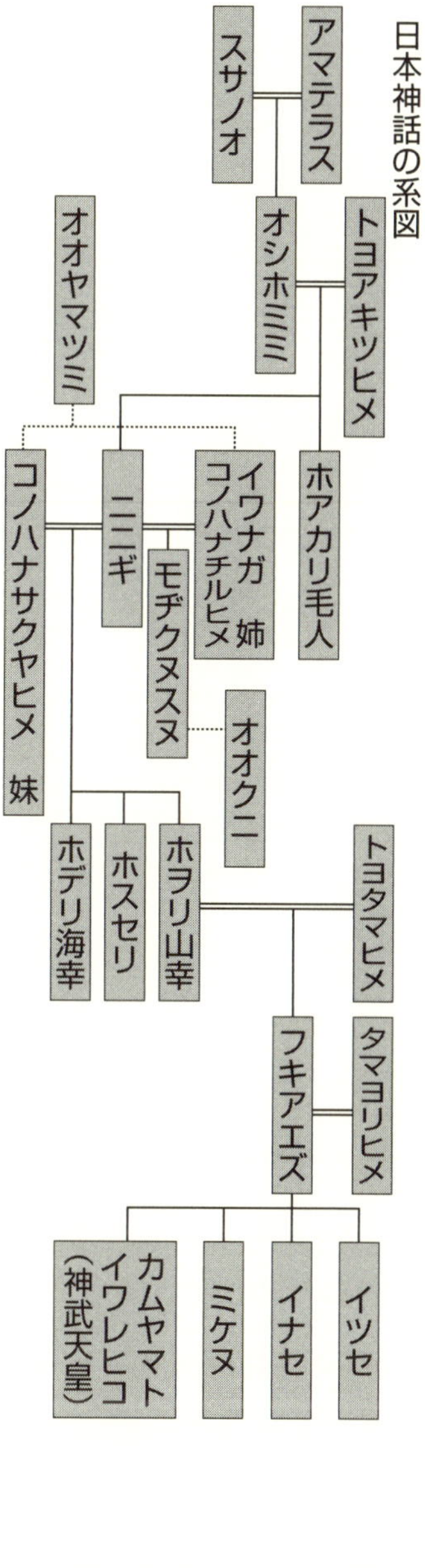
日本神話の系図
アマテラス
スサノオ
トヨアキツヒメ
オシホミミ
オオヤマツミ
ホアカリ毛人
イワナガ 姉
コノハナチルヒメ
ニニギ
コノハナサクヤヒメ 妹
モヂクヌスヌ
オオクニ
トヨタマヒメ
ホヲリ山幸
ホスセリ
ホデリ海幸
タマヨリヒメ
フキアエズ
イツセ
イナセ
ミケヌ
カムヤマト
イワレヒコ
（神武天皇）

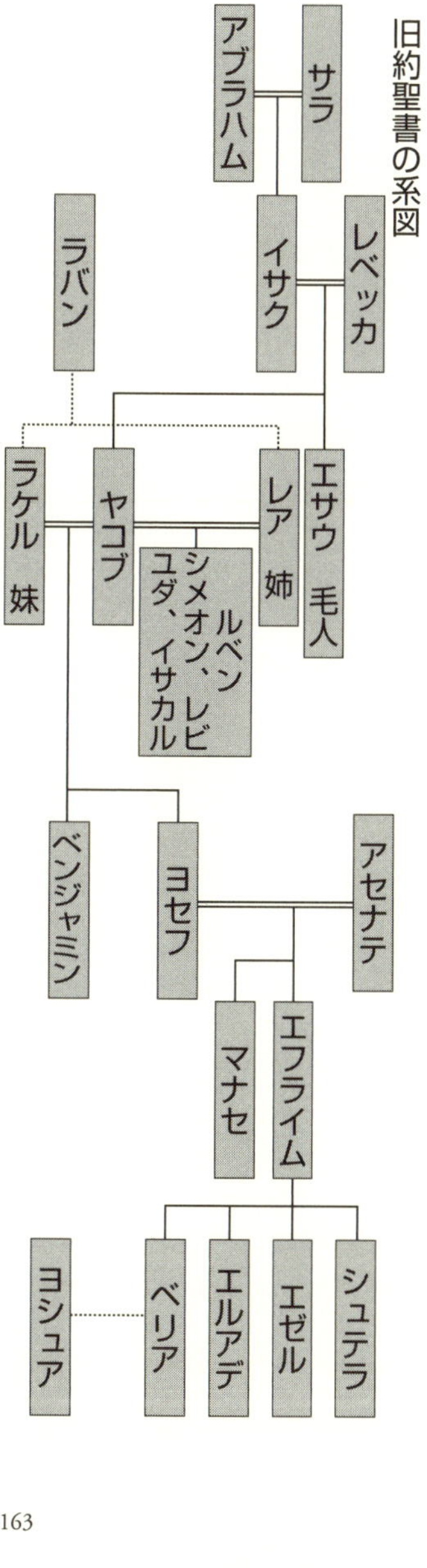
旧約聖書の系図
サラ
アブラハム
レベッカ
イサク
ラバン
エサウ 毛人
レア 姉
ヤコブ
ラケル 妹
ルベン
シメオン、レビ
ユダ、イサカル
アセナテ
ヨセフ
ベンジャミン
エフライム
マナセ
シュテラ
エゼル
エルアデ
ベリア
ヨシュア

・**山幸彦《ヤマサチヒコ》**…ニニギとコノハナサクヤヒメとの第三子ホオリであり日嗣の御子です。また、どちらかというと権力的施行者ではなく民衆第一を考えているということを表しています。この時点における『旧約聖書』の物語では、ファラオとの戦い及び紅海の海開きにおける「モーセ」と考えられます。本来はヤコブ（別名イスラエル）の子ヨセフであり、どちらもエジプトと関連があります。なお一部においてはヤコブとしてラケルを見つける水汲みの場面が入っています。

②「海神の宮訪問」

※当初の部分が一時的にヤコブとラケルが水汲み場（オアシスの井戸?）で出会う物語となって展開しているようです。その後状況が時期的に変化しており、モーセのエジプト物語の一部が挿入されている感じになっています。

・**豊玉毘売《トヨタマヒメ》**…大綿津美神《オオワタツミノカミ》、別名海神《ワタノカミ》の娘ということです。後にヤマサチヒコ、別名ホオリノミコトの妻（正妻）となります。さて海神には、オオワタツミノカミと底・中・上綿津美の住吉《スミヨシ》三神および海原の支配者・神であるスサノオがいます。基本的にはすべてがスサノオの別名であるということになります。

・**潮盈玉《しおみつたま》と潮乾玉《しおひるたま》**…海水を増やしたり減らしたり自由自在に操る事・潮の干満ができる玉のことです。旧約におけるモーセが紅海をわたるときに海を開き、その後エジプトのファラオが迫ったときには海を閉じて追っ手をふさいだ物語に似ています。

③「火照命の服従」

※ここでは出エジプト記におけるファラオが負ける物語と似ています。

・**火照命**…山幸彦・ホオリの兄・ホデリのことで別名海幸彦であり、その負けを意味しています。

『旧約聖書』においてはモーセに対抗するエジプト・ファラオの敗北を意味しています。

④「鵜葺草葺不合命」「豊玉姫の歌」

※これ以降については聖書の物語と一致しなくなり分離してしまったように感じられます。

・**豊玉姫のお産**…時間がなかったので産処が不十分なままに産んだことです。

・**妾をな見たまひそ**…お産するときに見てしまったためトヨタマヒメが綿津美の宮へ戻った。

・**鵜葺草葺不合命**《ウガヤフキアエズノミコト》…『旧約聖書』ではエジプトの宰相（首相）であるヨセフの子エフライムのことだと考えられます。

・**玉依毘売**《タマヨリヒメ》…大綿津美神の娘であり、トヨタマビメの妹です。一人残されたウガヤフキアエズのおばであり、育ての親であり妻となった人です。四人の息子をもうけ、日嗣となったのは四男の神《カム》倭伊波礼毘古命《ヤマトイワレビコノミコト》、別名初代天皇としての神武天皇《じんむてんのう》となります。このあたりからは『旧約聖書』の記述がほとんどないため別の神話などになっていると考えられます。つまりイスラエル・ユダヤと日本・ヤマトとの決別がこの時期に生起しているのではないかと思います。

　ここで、何も歴史的な根拠がないのですが、一つ結構大事だと思われることについて書きます。

それは、イスラエル国が北イスラエルと南ユダに分裂したことです。たぶん個人的に思うのは、最初から分裂していて、なおかつ場所も違っているのではないかと思っています。それは北イスラエルという国は最初から「上エジプト」であり続けたのではないでしょうか。

つまりメソポタミアのシュメール（天？）からヒッタイト帝国方面（高天原？）に退き、その後バビロン（豊葦原中国）としてもう一度メソポタミア地域に復活し、最後にエジプトの南側へと移動していったのではないかと考えています。途中においては当然下エジプトとの抗争や、周辺地域の部族との争いとアラブ人との戦いなどの数々のものがあったと思います。

しかしながら、上エジプトもアッシリア（現在のシリア）に破れ、東のエデンに向かったのではないかと考えているのです。

また、南ユダは下エジプトなどとの抗争に疲れて、わりと早い段階からアラビア半島の南側へと住み着いていたのではないでしょうか。たしかにどちらも現在のイスラエルやパレスチナとは全く関係のないところになっていると考えられます。具体的な場所としては、上エジプトと紅海を挟んだ隣ということで、現在のアラビア半島サウジアラビアの「アシール」地域ということになります。南隣はイエメンという国になっています。今でもこの地域は古い遺跡の廃墟だらけであり、かなりの確率で文化的あるいは学術的なものが発見されるのではないでしょうか。ここも新バビロンに滅ぼされ徹底的に破壊しつくされたため、遂には放棄されたのではないかと思います。新バビロンの後のペルシャ開放政策により最終的にユダヤ・イスラエル帰郷を許されたのですが、あまりの崩壊の激しさにより復興を断念したのかと思います。そのため、第二神殿は現在のパレスチナ、つまりエルサレムに建設されたものと考えています。

そして、この南ユダと北イスラエルの連絡などが切断されたのがペルシャ帝国の崩壊、つまりギリシャ・アレキサンダー大王による世界征服と推測しています。これは紀元前約三〇〇年頃にユーラシア大陸のほとんどを巻き込んで行われた征服戦争であったと思います。このため世界一優れていた古代ユダヤの情報網をもってしても遮断されてしまったのではないかと思います。

第二節　神々の別名

それでは『古事記』における神々が別名を持つということについて考えてみたいと思います。

通常は一つの名前で一柱の神を言い表すのが普通だと思います。ところが重要な役割の神様とかいろいろな活躍をしている神様にとっては、それだけで言い表すことができないのではないでしょうか。ですから、大事な人とか神は何回も重複して書き表すことになっていますし、またそれ以上に大事であると考えたとしたら「別名」をもってしてでも書き表すのではないでしょうか。第一節では「キーワード」ということで大事そうな、または意味がありそうな言葉を考えてみました。今回はそのキーワードとも重なり合う部分があるかもしれませんが、この『古事記』という物語・神話をよりよく理解していただきたいと思っています。

（一）　津島である対馬＝天之狭手依比売《あめのさでよりひめ》

現在の長崎県対馬です。語源的解釈になると、「良好な津（港）が多くある島」または「船の上から見ると対になった馬の形をしている島」と考えられます。そして意味的なものとしては、「日本において領地などが狭まっている大切な交通の要所的な場所であり、神聖な女性神としても称えられる、あるいは守護すべきである島」という意味かと考えられます。

さらにこの「ツシマ」という言葉が大切です。この『古事記』においては何度となく使われている言葉であるとともに「スサノオ≒天の↓日本」に特別関連したものとして表されています。具体的に言いますとスサノオの「和魂」本体であるということになります。ちなみに「荒魂」に関しては「出雲」と結びついているのです。ただし出雲は別名表記になってはいません。

(二) 大倭豊秋津島＝天御《あめのみ》虚《そ》空《ら》豊《とよ》秋《あき》津《つ》根《ね》別《わけ》

現在の日本列島における本州のことです。「五穀の豊かに実る島」という意味で、本州の総称となります。また「日本のきれいな空・自然環境と豊かな秋を迎えられるほど幸せな地域」という意味かと考えられます。ここでも「津島」という文字が入っています。つまりスサノオが天王（天皇）として統治していた地域・国↓ムー帝国の一部?・ということです。

(三) 火之夜芸速男神＝火之炫毘古神＝火《ヒ》之《ノ》迦《カ》具《グ》土《ツチ》神《ノカミ》

火をつかさどる神。燃える火の神。神話の物語において極めて重要な意義を持った神様となります。この神様によって本来一番重要な神様（イザナミ）が誰であり、その他（イザナギ以下）の神様は全部従えているということを象徴的に表しています。また、「神への生贄の儀式」と隠れた存在であるカグツチ（スサノオの別名）が次々と名前を変えて登場します。

(四)　建御雷之男神《タケミカヅチノオノカミ》＝建布都神＝豊布都神

刀剣を鍛えるときの火の働きを表すとともに雷をつかさどる神です。ここでは荒ぶる神のシンボルであるところの「火」と「雷」と「刀」による力そのものを象徴化している存在となり、別名がスサノオとなります。またカグツチの分身的な役割を負っており、物語の中盤（葦原中国の平定）における主役的な存在となります。

(五)　黄泉国《よみのくに》＝夜見之国＝根堅洲国《ねのかたすくに》＝根国

地下の世界である国。暗黒の夜を思わせる国。死者の世界となります。創造主とイザナミのもう一つの姿である破壊創造の部分とを表している国・場所となります。そしてスサノオがイザナミの「陰」を代表するように破壊的創造神として「根」の国の支配者となっています。

(六)　住吉・墨江の三座の大神＝底津・中津・上津綿津美神《ワタツミノカミ》

海や川などの神です。海原の支配者であるスサノオの別名、またはその配下としての神様のことです。海はスサノオ→オオワタツミ→ワタツミ三神→その他のワタツミという構成になっているようです。つまり、スサノオの別名が大ワタツミでありワタツミ三神となります。

（七）　三貴子《ミハシラノトオトキミコ》・神《カミ》＝天照大御神・月読命・建速須佐之男命

ご存知のアマテラスとツキヨミとスサノオの高貴な三神のことになります。神話の物語からイザナミが退場（地域移動か？）したことによって、新たな登場人物として陰陽に分かれた神様が出てくるようになりました。イザナミの「陽」部分であるアマテラスとイザナミの「陰」であるスサノオにより、物語がますます佳境に入っていくようなスタイルとなっています。二人の主役というか二枚看板によって構成されているようです。しかしながらイザナミと「陽」の部分アマテラスについては、場所が日本の地域から中近東・地中海地域となっているため、少しずつかみ合わない部分も出ているように感じられます。なお「陰」の部分であるスサノオは基本的にずっと日本地域です。たしかに一部においては他の地域をサポートしているようです。

また、あわせてイザナギの退場（地域移動か？）に前後するようツキヨミが登場していますが、結果的にはアマテラスとスサノオと比べて影の薄い形となっています。

（八）　長女・多紀理毘売命《タキリビメノミコト》＝奥津島比売命《オキツシマヒメノミコト》及び次女・市寸島比売命《イチキシマヒメノミコト》＝狭依毘比売命十三女（略）

長女の神様は福岡県宗像市の宗像神社の沖津宮です。。また夫の大国主神（オオムナヂの別名）との間に葦原中国平定物語に関連する阿遅鉏高日子根神、別名迦毛大御神《カモノオオミカミ》・加茂（賀茂神社）と妹の高比売命、別名下光比売命《シタテルヒメノミコト》・下照（天若日子の妻）という二人の子がいます。

またここではキーワードの「ツシマ」が入っていますので二重の意味で重要視されている神となります。沖津島と中津宮（次女）との関係についてです。沖津島は本来的には「いつくしま＝斎くしま」のことであり、つまり「神を祭事する島＝神の島」となり、現在でも女人禁制の「沖津島」のことです。またそのように考えて三女の田寸津比売命《タキツヒメノミコト》＝辺津宮《へのつ》と三柱で一体であるというふうに思います。

次に次女の神様です。宗像神社の中津宮にいます。そして平清盛で有名な広島県安芸の宮島の厳島神社にも鎮座されています。一説では一番美人いわゆる妖艶系の女神といわれていて、純真系美人の女神である木花佐久夜比売（富士山の浅間神社）と人気の面においても二分しているようです。夫オオムナヂ（オオクニヌシの別名）との間に事代主神《コトシロヌシノカミ》という子がいます。そして七福神の弁財天と習合していることも庶民人気の高さが表れているようです。宗像三姉妹として筑紫宗像（現在九州の福岡県宗像市）の鞍手六ヶ岳に降臨しました。

また高天原の誓約《うけい》で有名なアマテラスの五男五柱（オシホミミなど）とスサノオの三女三柱（オクツシマ、イチキシマなど）を八の聖なる数字としてあわせ、武蔵野国の「八王子」として祭られているとともに、宇佐の「八幡宮」にも宗像女神は鎮座しておられます。

（九）　大国主神《オオクニヌシノカミ》＝大穴牟遅神＝葦原色許男神＝八千矛神など

上巻の後段部分を大きく左右するところの「葦原中国」の中心的人物として登場するオオクニヌシです。別名もその存在の大きさに比例しているようにオオムナヂ・アシハラ・ヤチホコなどを持っています。内容的にいいますと、ほとんどがスサノオの別名であり、スサノオが日本とムー大陸などにおける「天王」であり、それは＝「天皇の祖」そのもののように考えられます。日本に現存する神社のほとんど、つまり全国八万五千社の約九割がスサノオの関連となっているのです。たしかにアマテラスとスサノオが陰陽の関係だとすれば特に問題はありません。

（十）　高木神＝高御産巣日神《タカミムスビノカミ》

「知恵のあるもの」という神様です。本来はタカムスビということであり、天地創造する前の物事を生成する神様であり、隠れてしまった存在なのです。ところが物語の後段部分からアマテラスに知恵を授けるもの、または物事を考えさせる神様として再登場してくるのです。このことはタカムスビがアマテラスの別名であり、その後もタカギ（オモイカネも同様と考えられます）して現れて知恵あるものの部分を強調することが必要だったためだと思います。

（十一）　神阿多都比売＝木花之佐久夜毘売《コノハナノサクヤヒメ》

「純真可憐できれいな女性」という神様です。それも姉が不美人でいながら一緒に嫁に行くというスタイルが独特となっています。旧約的には姉妹でヤコブに嫁になった妹の「ラケル」のことです。

（十二）　火遠理命《ホオリノミコト》＝天津日高日子穂穂手見命《アマツヒダカヒコホホデミノミコト》であるとともに別名を＝山佐知毘古・山幸彦《ヤマサチヒコ》

ニニギとサクヤの三男・末っ子甘えん坊でありながらヤンチャで「波乱万丈の冒険・修行」するという珍しい山の神をかねている日嗣の神様です。『旧約聖書』では「出エジプト記」のモーセにどうやら該当するようです。

(十三)　火照命《ホデリノミコト》＝海佐知毘古・海幸彦《ウミサチヒコ》

ニニギとサクヤの長男でしっかりと社会規則を守っている・強制している海岸地域の神様です。『旧約聖書』では「出エジプト記」のエジプト王ファラオです。

(十四)　若御毛沼命《ワカミケヌノミコト》＝神倭伊波礼毘古命《カムヤマトイハレビコノミコト》＝神武天皇

上巻の最後を締めくくる神様であり兄とともに旅立ちて国を興し新たな体制を築く初代の天皇です。旧約的には北イスラエル国の王様ヤラベアムかまたはその子孫の長か？

(十五)　スサノオの別名

スサノオについては基本的に別名がないというふうに思われている人々が多いように思います。あくまでも三貴子・神の一人で末っ子長男なのに暴れん坊のため、やることなすことがうまくいかず「日嗣」ももらえない神様じゃないかと思っていることでしょう。今現在の日本全国における神社などの数は約八〇〇〇〇社になるそうです。ご存知のように伊勢神宮、出雲大社、賀茂神社（上と下）、宇佐八幡宮等いろいろあります。これらのなかでスサノオまたはスサノオ関連の神社はどのくらいあるのでしょうか。確かにツキヨミ関連は極めて少ないというのは理解できると思いますが、意外やアマテラス関連も少ないようなのです。ここでその他の部分も入れても全体の約一割にしか届かないようなのです。つまりこのほとんど約九〇パーセントの神社は何かしらスサノオ関連になっているのが現状なのです。

　スサノオご自身が「祭神」というものから、あわせて祭られている「併祭神」、そしてスサノオの子供や孫や子孫なども含めていくと、こうなってしまうのです。こうなると日本全国の主たる神様は「スサノオ」なのではないかと疑ってしまうほどなのです。

　それではスサノオは単に「海原」を支配し治めていただけなのでしょうか。どうやらそのようではないという感触が調べれば調べるほど出てくるのです。具体的には「海（島を含む）・山（陸を含む）・火・水・木・金・土・雷・風等」ということになります。

①「海」…「大綿津見神《オオワタツミノカミ》」海原の支配するものは当然海神も兼務していることとなります。水流・墨江の三柱―住吉大社（底津・中津・上津綿津見神）。日嗣（のちの天皇家）および津島・出雲・武蔵の御子―津島神社、出雲大社、氷川神社および宗像三女神―宗像大社、厳島神社。↓須勢理毘売、豊玉比売、玉依毘売

②「山」…「大山津美神《オオヤマツミノカミ》」―大山神社、高龗神社、日吉大社、大山祇神社、三嶋大社、松尾大社」↓櫛名田比売、木花知流比売（石長比売）―八ケ岳の神様、木花佐久夜比売―富士山の浅間大社、白山神社

③「火」…「迦具土神《カグツチノカミ》」―秋葉神社、大雷神社」の死体から刀（金）神、雷神、竜神、水神および各山の神いわゆる山津神。初子男に対する生贄をイメージ化しています。

④「水」…「八大竜王《ハチダイリュウオウ》」また「竜神である闇淤加美《クラオカミミノカミ》」および「水神である闇御津羽神《クラミツハノカミ》」

⑤「木」…「久久能智神《ククノチノカミ》」
⑥「金」…「金山毘古神《カナヤマビコノカミ》」
⑦「土」…「鹿屋野比売神または野椎神《ノヅチノカミ》」「大土神《オオツチノカミ》」
⑧「雷」…「雷神である建御雷之男神《タケミカヅチノオノカミ》—鹿島神宮、賀茂神社、吉田神社、春日大社」また「建布都神《タケフツノカミ》—香取神宮」および黄泉国各雷神《イカヅチカミ》
⑨「風」…「風神・志那都比古神《シナツヒコノカミ》」
⑩「食物」…「女性神—大宣都比売神《オオゲツヒメノカミ》」→蚕、稲種（米）粟（稗等）小豆、麦、大豆。食品として「家津御子大神《ケツミコトノオオカミ》」—熊野三山。供物として「豊宇気毘売神《トヨウケヒメノカミ》—外宮」八島士奴美神、大年神、竈三神、大山・日枝神、稲荷
⑪その他…「牛頭天王《テンノウ》—八坂神社、祇園社、（津島神社）」「大国主神・大物主神—出雲大社、金刀比羅宮—大神神社・大穴牟遅神—日吉大社、神田神社、御岳神社・葦原色許男神・八千矛神」「八重事代主神」「建御名方神—諏訪大社」「神産巣日神《カミムスヒノカミ》」「少名毘古那神」「八幡—宇佐神宮」
⑫伊邪那美命の「陰」の部分。つまり荒ぶる神、そして黄泉国（夜見・根・地獄）の大神となります。

また、神社のみ列挙して、その種類と数の多さを実感してほしいと思います。（順不同）

・須佐神社、住吉大社、津島神社、出雲大社、氷川神社、宗像大社、厳島神社、大山神社、高籠神社、日吉大社、大山祇神社、三嶋大社、松尾大社、浅間大社、白山神社、秋葉神社、大雷神社、龍神様、水天宮（水神様）、鹿島神宮、賀茂神社、吉田神社、春日大社、香取神宮、熊野大社、伊

勢神宮外宮、竈神社、日枝神社、伏見稲荷大社、八坂神社、祇園社、天王社（牛頭天王）、日吉大社、神田神社、御岳神社、諏訪大社、宇佐神宮などとなります。
また、とても大切なことはこれらの中から特に大切な「別名」を挙げてみます。つまり「建速須佐之男命（海原の支配者）」スサノオの主たる別名は、「大綿津見神（海神）」であり、「大山津美神（山神）」であり、「迦具土神（火神）」であり、「大国主命（皇帝・天王）」であり、「神産巣日神（創造主の半分）」であり、「黄泉国大神（雷神・破壊神・悪魔）」なのです。

このようにしてこれらのことから次のことが導き出せるのではないでしょうか。

○恐らくスサノオは創造主イザナミの陰であり一心同体であると思われる。
○日本およびムー大陸の支配者はスサノオであると思われる。
○創造主イザナミが神々と人間に要求している事柄を神話物語を通じて具体化し、役者としてスサノオが登場していると思われる。「天地創造」「神事・供物と生贄・祭壇儀式」「天国・地上・地獄」「人間の原罪と天国追放」「再生復活」「約束の地＝葦原中国・カナン」など。
○スサノオが父子関係を重視した「系図」における神の意義を提示していると思われる。
○スサノオはアマテラスとツキヨミ支配地域において副次的支援をしていると思われる。
○そして創造主イザナミが求めていることを具体的に実行している担当者と思われる。

※最終的には創造主イザナミが「ヤハウエ」であることを証明するため、最初にスサノオの位置づけを、爾後イザナミが同じであることなどを明らかにしていきたいのです。当然、イスラム教『コ

ーラン』における「アッラー」も同様になります。

以上の項目が最終的に証明されるかは、かなり微妙かもしれません。しかしながら努めて具体的な事柄で明らかにしていきたいと思います。

第三節　日本のパワースポットと欧州パワーストーン

以前に世界のパワースポットとしてトップテンを説明させていただきました。そして今回につきましても、具体的な日本各地におけるパワースポットを順番に紹介させていただきます。なお、地名などの最後にあるポイント数については、霊界の守護天使（七次元より上位次元）がその場所で守っている柱（人）数を書いています。

ひょっとしたら、皆さんもその場に行ったら、多くの天使の歓迎を受けることができるかも（?）しれません。

さて、日本神話、特に『古事記』におけるイザナミの神は「宇宙創造神」そのものであり、また『旧約聖書』におけるヤハウエその神であることも理解できるかと思います。その神イザナミ、そしてその遺志を継いでいるアマテラスおよびスサノオの影響が非常に強く列島に染み渡っているように感じられます。このパワースポットと呼ばれるものは、地球上に五〇カ所存在しています。前回において世界の上位一〇位まで発表しましたが、ヨーロッパの独仏二カ国（中世フランク王国関連地域）と日本に集中していることが理解できたかと思います。特に日本は一六カ所存在しており、全体に占める割合は三二%に上り、約三分の一が日本に集中しているということになります。今回は日本の上位一〇カ所プラス一カ所と海外八カ所を紹介します

なお、ここで天使の階級について若干触れておきたいと思います。なぜならば、神の玉座があってその右に座するものが大天使ミカエルであり、左に座するものが大天使ガブリエルで、天使には天使と大天使の二階級しか存在しなかったものが、今では九段階の階級があるというのです。これは明らかに「偽ディオニシオス的な九階級」と呼ばれるものです。その中身は大天使の上に七階級を設置し、大天使の地位の相対的低下を図ることを目的にしているように受け取られる……というふうにしか考えられないのです。実際この区分については、中世以前においてはなかったものであり、あくまでも存在したのは大天使と天使の二階級だけなのです。

それでは具体的にその九階級を見てみましょう。Ⅰ．上位三隊①熾天使《してんし》（セラフィムなど）②智天使《ちてんし》③座天使《ざてんし》、Ⅱ．中位三隊④主天使《しゅてんし》⑤力天使《りきてんし》⑥能天使《のうてんし》、Ⅲ．下位三隊⑦権天使《けんてんし》⑧大天使・アークエンジェル⑨天使・エンジェルの順になるということらしいです。この中身を見た限りにおいては、天使と大天使以外の具体的な任務区分などまったくないようであり、ただ単に大天使を下げているようにしか見えません。

（一）日本のパワースポット

①（世界②）「千葉県　成田山新勝寺」　1261pt

最初に日本で一番のところは、世界でも二番目のところとなっていますす千葉県成田市にある真言宗智山派の寺（九四〇年＝延喜四年開基）で、同派の大本山のひとつであり御本尊は不動明王となっていますが、仏教、特に密教における三位一体ということで「大日如来」および「聖観世音菩薩」ならびに「不動明王」となります。そして、この仏たちの中で一番パワフルであり、強力な「真言」つまりマントラを持っているのが不動明王です。

関東地方では有数の参詣人を集める著名寺院で、家内安全、交通安全などを祈る祈祷護摩のために訪れる人がかなり多いところでもあります。

不動明王信仰の超有名な寺院のひとつであり、寺名は一般には「成田不動」、あるいは単に「成田山」と呼ばれることが多いです。また、不動明王は古代インドヒンズー教のシヴァ神であり、ユダヤ・キリスト・イスラム教などにおける大天使ガブリエルとなります。そして「スサノオ（建速須佐之男命）」ということになります。

今まで数十回訪れていますが、特に正月三が日は明治神宮より多い感じがして実質日本で一番みたいな人数となっています。ご利益はすごくあります。本堂の周辺や近くの建物では強力な霊験を感じ取ることができます。近くの公園内も癒しの空間としてはものすごくよい場所であると思います。当然家族団らんや恋人の散歩などにも適しています。

また、文化的なものとして歌舞伎の市川團十郎家（「成田屋」）とも密接な関係があり、襲名などのときは一段と人が多くなります。いろいろなものに対するパワーの波及効化が最もあると感じられる日本最高のパワースポットです。

②（世界③）「三重県　伊勢神宮　内宮」156pt

三重県伊勢市にある神社（紀元前四年頃遷座）。神社本宮の本宗とされ、正式名称は地名の付かない「神宮《じんぐう》」であり、主祭神は天照大御神となります。他の神宮と区別する場合には「伊勢の神宮」と呼ぶこともあり、親しみを込めて俗に「お伊勢さん」「大神宮さん」とも言われます。

伊勢神宮とは、伊勢の宇治の五十鈴《いすず》川のほとりに鎮座する皇大神宮《こうたいじんぐう》（内宮＝ないくう）と、伊勢の山田の原に鎮座する豊受大神宮《とようけだいじんぐう》（外宮＝げくう）や別宮（伊雑の宮）など一二五社の神社の総称となっています。

『日本書紀』に、「倭姫命、菟田《うだ》の篠幡《ささはた》に祀り、更に還りて近江国に入りて、東の美濃を廻りて、伊勢国に至る。」とあり、皇女倭姫命が天照大御神を鎮座する地を求め、旅をしたと記されています。また、この長期間にわたる移動中に一時的に鎮座された場所は元伊勢と呼んでいるそうです。一例として丹波大江山の元伊勢神宮などがあります。

太陽を神格化した天照大御神《あまてらすおおみかみ》を祀る皇大神宮と、衣食住の守り神である豊受大御神《とようけおおみかみ》を祀る豊受大神宮の二つの正宮が存在し、一般に皇大神宮を内宮《ないくう》、豊受大神宮を外宮《げくう》と呼びます。

天照大御神は皇室の御祖先の神で、日本人の総氏神とも言われています。

また、伊勢神宮の鎮守の森となっている五十鈴川の源の神路山には大山祇神社があり、祭神は大山津美神であり、この名はスサノオの別名となっています。というのも、内宮はもともと「子安神社」の敷地であり、この子安神社の神は大山津美神と娘である木之花佐久夜毘売の二柱になっています。

ちなみに外宮についても「トヨウケ」と言う名になっています。「食」に関してはカミムスビ→オオゲツ→「食品」ケツミコトなどのすべてはスサノオの別名であると考えられます。オオゲツ→「供物」トヨウケも限りなくスサノオに関係（ひょっとしたらスサノオの別名？）していることになります。このように考えますと、アマテラスが日本の神様ではなくスサノオが日本の神様であるのではないかと思わざるを得ないのです。ただしスサノオよりもアマテラスが日本に戻ってくると上位になってしまうようですが……創造主イザナミの気持ち的に！また、伊勢神宮自体も「外宮・森・敷地」などほとんどスサノオ関連ではないかと思ってしまうほどなのです。

③（世界④）「京都府　元伊勢神宮　内宮・奥の院」132pt

京都府福知山市にある神社。現在の三重県伊勢市に鎮座する伊勢神宮が、大和の宮中（本所）から最初大和国笠縫村（紀元前九二年頃遷座）を経て数々の遷座のあと伊勢市の現在地に鎮座する前に祀られていた伝承を持つ神社（紀元前五四年頃遷座）であり、天照大御神を主祭神としています。『日本書紀』より具体的に言いますと、第一〇代崇神天皇の時代宮中（本所）にあったご神体（御霊代）の鏡が、国内疫病等により反乱などが起こったため皇女・豊鍬入姫命により宮中から出ることになりました。最初崇神天皇八年大和・奈良にある三輪山ふもとの笠縫村（現在の檜原神社）に鎮座されていたのですが、崇神天皇三九年（紀元前五九年）大江山・丹波吉佐宮の皇大神社に遷座されたのです。その後四年間ここに鎮座されていたと記録されています。

元伊勢神宮とは伊勢神宮が伊勢の現在地に着座するまでに遷座したときに各地に分祀して残された元伊勢といわれる神社群です。

特に丹波国（後に丹後国、現京都府福知山市大江町）に着座した皇大神宮、豊受大神宮はそれぞれ元内宮と元外宮と伝わり、これらが近接してあるので、大江町の二社を総称して元伊勢神宮というようです。元伊勢といえば二〇キロの近くに有名な丹後籠神社もあります。

おもしろいことに元伊勢神宮外宮の豊受《トヨウケ》大神は、ここ丹波国から遷座して現在の伊勢神宮外宮へ行ったと記録されています。ちなみに毎年冬至になりますと、太陽がちょうど伊勢神宮の内宮方向から上り始め（サンライズ）――伊勢神宮の外宮、そうして元伊勢神宮内宮――元伊勢神宮奥院としての日室岳に沈む（サンセット）ようになります。つまりこれらの神宮は伊勢国と丹波国と離れていますが、一直線上の位置になっているということです。

近在の大名であった綾部氏（中臣氏系・九鬼氏一族――九鬼文書――の末裔）の庇護を受けるとともに、有名な大本教の聖なる地にも数えられています。新興の神道系宗教とのつながりも深いところになっています。

また、同地内の岩戸山という異称を持つ日室岳の麓――日本のピラミッドとして有名な三角山――には天の岩戸神社があって、これらで元伊勢三社ともいいます。この日室岳に関しては、不明な点もありますが、現在入山禁止みたいですので、これ以上深く調査などできない状態です。

三角山ですので、何らかの形で大山津見神＝スサノオに関連していると思います。

④（世界⑦）「東京都　目黒不動〜大鳥神社周辺」36pt

A　大鳥神社（大鳥大明神社）

東京都目黒区下目黒にある神社。かつての目黒村（それ以前は下目黒村）の鎮守。八〇六年（大同元年）に創建された東京目黒区最古の神社であり江戸九大神社の一つとなっています。

十一月に行われる酉の市でも知られる。主祭神は日本尊命《やまとたけるのみこと》で白鳥、つまり大鳥になった伝説に基づくものである。元の主祭神は国常立尊。ちなみに大阪府堺市にある大鳥大社（八二三年創建。全国大鳥信仰の総本山）は大鳥氏の祖神――中臣氏と同族である天児屋根命――を祀ったものです。

B　目黒不動

東京都目黒区下目黒にある天台宗の寺。正しくは泰叡山滝泉《りゅうせん》寺。八〇八年（大同三年）に、円仁が下野から比叡山に赴く途中、この地に宿って不動明王を夢見、その像を刻んで安置したのがはじまりと伝えられています。

また、不動明王については、成田山新勝寺の項目でも申しましたように、大日如来・聖観世音菩薩と三位一体の関係にあります。そして不動明王はシヴァ神であるとともにスサノオであるということになります。

⑤（世界⑨）「愛知県　津島神社」12pt

愛知県津島市にある神社（五四〇年創建）で、東海地方を中心に全国に約三千社ある津島《ツシマ》神社・

天王《テンノウ》社の総本社になっています。

須佐之男命（素戔嗚尊）を主祭神とする。荒魂《アラタマ》は出雲国、和魂《ニギタマ》は当初対馬国（長崎県対馬市）そして尾張国の現在地へと遷座してきているのです。その後、大中臣氏が再興し中世・近世を通じて「津島牛頭天王社」（津島天王社）と称し、牛頭天王《ごずてんのう》を祭神としています。そして境内隣には空海の真言密教のかかわりがある両部神道関連のお寺（真言宗智山派宝寿院）もあります。

また、この津島神社は今こそ格式も知名度も低いのですが、一時期はともにとても高かったようです。格式は国幣小社で現在は神社本庁の別表にあるということになっています。ところが過去においてはすごく、第五二代嵯峨天皇は弘仁元年、正確には大同五年正月（八一〇年）「日本の総社」として崇め、正一位という最高位を贈っていたのです。嵯峨天皇は知勇ともに優れ、父である桓武天皇から非常に期待された皇子・天皇でした。ご学友においては当時の最高俊英である弘法大師空海や伝行大師最澄、橘逸勢などがおり、日本古代における正統な日嗣伝統責任者であるとともに学問も非常に高かった天皇なのです。その嵯峨天皇が最初にしたことが伊勢神宮（アマテラス）よりも津島神社（スサノオ）を一番にしたということの意味の重要性がご理解できるかと思います。たぶんその時点・時期における判断として正しかった「真実」だと信じています。つまり、その頃はイザナミ兼ねてアマテラスの関心ごとに入っていなかった、地域ではなかっただけだと思っています。

最後に有名な出雲大社もたしかに世界パワースポットの五〇番以内に入っていますが、本当の意味においての格式が違うようです。

⑥　**（世界⑫）「青森県　恐山周辺」　8pt**

青森県むつ市にある曹洞宗伽羅陀山菩提寺（八六二年＝貞観四年開基）を中心とした地域。

下北半島の中央部に位置し「あの世・霊界」を彷彿させる風景のある宇曽利湖を囲む外輪山。

霊場であり、高野山、比叡山と並び日本三大霊場の一つになっています。

⑦　**（世界⑭）「徳島県　剣山周辺」　7pt**

徳島県三好市・美馬市・那賀郡那賀町にある剣山本宮等と「平家の馬場」――聖櫃アークが存在すると噂されている――を中心とした地域。剣山本宮の主祭神は素戔嗚命・スサノオです。

四国徳島県の最高峰であり、日本百名山の一つ。別名太郎笈と呼ばれ南西側の次郎笈と対峙するような地形となっています。

⑧　**（世界⑳）「山形県　月山および湯殿山・羽黒山」　3pt**

山形県鶴岡市・東田川郡庄内町・最上郡大蔵村・西村山郡西川町にある月山神社――月読命・ツキヨミを祀る――（五九三年創建）を中心とした地域です。日本においてはとてもツキヨミ関連が少ないのですが、この神社はほとんど唯一に近い存在です。

山形県の中央部にあり出羽丘陵の南部に位置し、日本百名山の一つ。また、湯殿山、羽黒山とともに出羽三山をなし、山岳信仰の山でもあります。

⑨ **（世界㉓）「青森県　弘前市　折笠周辺」２pt**

青森県弘前市船沢地区折笠（旧縫笠村）周辺。津軽の霊峰岩木山東山麓に位置し、津軽内三郡（旧花輪・鼻和郡）の一つとして平安――古代有力豪族阿部・安倍・安東氏居城地域――・鎌倉――天皇直轄領地・中別所等――時代に栄えた船沢地区のひとつです。

天文年間（一五三二年）、正保年間（一六四五年）等に記述があるとともに『新撰陸奥国記』によれば土地がとても肥えて米がよく穫れると記載されています。

ここは本当に珍しくて、現地に行ったとしても何もありません。ただし「霊感」が人並み以上に優れていた場合においては可能かもしれません。普通の民家が建ち並んでいるところですので、細部位置を確認することは不可能に近いものがあります。古代の一時期は建物が存在していたのですが、その後なくなっています。また中世の戦国時代においては仏教関連の「法立堂」というお寺またはお堂が存在していましたが、たぶん地元の人も含めて、誠に残念ですが、全くわからない場所となっています。

なにしろ今現在の土地の所有者さえも知らないのですから……。本当に無理に近いと思います。

⑩ **（世界㉔）「福岡県　みやま市山川成田山」２pt**

福岡県みやま市にある真言宗智山派の寺。古くから筑紫三郎と呼ばれた筑後川の支流矢部川沿いで、有明海に注ぐ南側丘陵地帯（筑肥山地）。真言宗智山派成田山山門分院（金剛寺）が所在している場所です。ご本尊は不動明王です。

古代邪馬台国の存在地候補の一つとして有名であり、周辺には縄文・弥生時代の古墳遺跡など多数存在しているところになっています。


次点⑪（世界㉕）「新潟県　湯沢町　魚沼神社（湯沢）周辺」１pt

新潟県南魚沼郡湯沢町にある魚沼神社（湯沢）（七六五年＝天平神護元年創建）及び谷川岳西山麓周辺。

古くから温泉場として有名であり川端康成の小説「雪国」の舞台となったところでもあります。魚沼神社（湯沢）の主祭神は天児屋根命・住吉三神等。また、群馬県利根郡みなかみ町との間にはダイダラボッチなどの神話で有名な谷川岳――南峰トマノ耳・北峰オキノ耳――があるところです。

（二）欧州のパワーストーン

本当は日本の『古事記』ということで、主として「日本」にスポットを当てていたのですが、今回旅行において強い「啓示」を受けたため、ぜひ皆さんに伝えたい思いで書き足しています。

欧州、特にヨーロッパ中世に栄えた「フランク王国・帝国」は「パワースポット＝聖なる場所」と同様に創造主・神のお気に入りの国の一つとなっていて、たくさんのプレゼント、「第十次元における奇跡の石（岩）」を国中に置かれたようです。つまり人間の肉体や霊、魂を奇跡的な力で癒す（治癒）・完治させるほどの「石・岩」のことです。この石や岩が存在することにより数々の奇跡が引き起こされてきたのです。そしてこのこと自体が神への信仰心を高める結果となって現れているのです。もう一つ、ゲルマン民族の大移動に伴い出現したこのフランク王国・帝国は、現在の国としては国名にその名があるフランス・西フランクと隣のドイツ・東フランクと南フランク（一部がイタリア北部）等の地域になっています。

それではなぜこの地域か？　ということについて考えたいと思います。それは基本的にフランク王国の地域に関係しているというわけではなく、フランク族に関係しているということになります。たしかにフランク王国の領有した地域としては現在のフランス・ドイツ・イタリア北部となりますが、その他の小さな国も入れますと、かなりの数にのぼります。それはオランダ・ベルギー・ルクセンブルク・スイス・オーストリア・アンドラ・スペインのカタルーニャ地方・チェコ・スロベニア・クロアチアの一部などを含む地域となります。次にこのゲルマン系フランク族については、わりあいと新しい部族というのが定説になっています。

しかしながら本来の核・コアとなった部族の一つとしてザクセン人があげられます。今現在もフランク族と隣接あるいはほとんど融合しているところもあります。そしてこのザクセン族はあのアングロサクソンの元である大陸のザクセン人そのものなのです。ゲルマン人がどこから来たのかよくわからないというのが定説らしいのですが、ところがどういうわけかこのザクセン人は他のゲルマン系諸部族と違って移動範囲が限定しているため自分らの伝説を保有していました。

その一つ目は、ザクセン人自身の直接の祖先は黒海の王侯スキタイ部族であるということ。二つ目は、男性の前頭部を高く剃り上げていること（武士の丁髷・チョンマゲを斬バラにした格好）。三つ目は、ユーラシア大陸、特に欧州地域では両刃の剣が多数存在しているのに対して片刃の長刀・サクスを有していること。四つ目は、三貴神である天地人の神様を長期間にわたって保持していたこと（三種の神器に近い宝物も保持していたようです）。五つ目は、家族の結びつきが強くまた君主などへの忠誠心も強力であったということ。六つ目は、ほとんど日本の「縄文式土器」と変わらない縄文土器を持っていたこと。七つ目は、ザクセン人自体の自称は「SC・シカ」であり、フィンランド語でも「サカ」と呼んでいること。八つ目は、ザクセンの主体である貴族階級が他の階級または部族との婚姻を極度に嫌い、血族の血を残すようにしていること。九つ目は、ドイツ語の周期数領域が日本人と同じ一二五ヘルツから開始されること。一〇番目は、基本的な母音が五つであり、それも「a・i・u・e・o」であること、などがあげられます。

そして面白いことに、ザクセン人自体が、ゲルマンの原住地とスッポリと重なっているのです。つまりヴェーザー川周辺からエルベ川付近なのです。次にこのザクセン人の支族が①エルベ川以北のノルトロイテ…ノルトマン↓ノルマン人（北ゲルマン）の祖先か？　②ヴェーザー川下流のエンゲルン…エンゲル↓アングル人の元か？　③ヴェーザー川東方のオストファーレン…オストマン↓東ゲルマン人か？　④ヴェーザー川西方のヴェストファーレン…ヴェストマン↓一部は原住していますが、大部分はフランク人の主力か？　となります。

また、この王侯スキタイ部族はそれ以前中央アジアでのシカ・スキタイ族であるということなのです。この「シカ族」は中央アジア以前はシカ（鹿）を追って東方から来たのです。それも海を渡った東方海上の方から来たというのであり、自分らの出身地から「雷帝」が危機のとき現れ、自分らを救ってくれるという伝説があるのです。それではこれらのザクセンの伝説的な神話はどうかというと、断片的ながらも歴史の中にうずもれつつも存在しているのです。それは中央アジアでのインド・シャカ族とか、黒海周辺にいた農耕スキタイでありながら別民族のスラブや遊牧スキタイのバルト人とかがかなり文化的に接触していたらしいのです。コーカサスとカスピ海のペルシャ系アーリア人も隣接していましたし、小アジアのヒッタイト～ケルトも関連しています。当然ギリシャ征服民はスキタイ系となっています。そして現在の中国北部では「匈奴」と呼ばれていたようです。

ここで霊視的な解釈になりますと、古代に栄えたムー大陸の民であり、その後大陸が水没すると一部のムー人が日本列島に逃げ延びたようです。そこで縄文人としてまた人口が増え、東縄文人（現在の関東から東北地域の人々。一部は今現在でも東北を中心に残っているようです）のほとんど九割がアジア大陸へと「鹿」を追って移動していったとのことです。そして中央アジア・パミール高原からタクラマカン砂漠地域に大帝国、つまり「ウイグル帝国」を建てたということになります。しかしながら帝国の弱体化に伴い、このあとスキタイ・サルマタイ・シャカ・キタイなどに分裂し四方に移動していったとのことです。このときの大集団が西方へと向かってスキタイとなり、特にイザナミおよびアマテラスのご加護を受けるようになっているらしいのです。

なおこのパワーストーンは、現在でも不思議なほどに霊力を発揮しています。かなり有名な「奇跡」の場所があると同時に全く顧みられていない場所もあります。私自身も旅行に行って初めてその「霊力」の強さに驚き、何回も何回も大天使ガブリエルを通して確認したほどなのです。またその「奇跡の石・岩」についても人々が知らず知らずに使っているだけとか、その付近の水とか植物が普通ではないという感覚であるだけなのかもしれません。今回の順番については特に決められているものではありません。このため旅行時のイメージにあわせて順不同ながら紹介させていただきます。ただし残念ながら、これらすべての場所を訪問してはいませんので、一部において一般資料などを根拠にしています。

①「ドイツ・バイエルン州　ヴィース巡礼教会」

ドイツ・バイエルン州の超有名な観光地「ノイシュバンシュタイン城《シュロス》」へ向かうロマンチック街道からちょっとそれた森の中にたたずんでいるのが、この「ヴィース巡礼教会」となります。一七三八年、ある農家の婦人がシュタインガーデン修道院の修道士が彫った「鞭打たれるキリスト」の木像をもらい受けたところ、六月十四日このキリストの像が涙を流したのです。当初カトリック教会ではこれを奇跡とは認定しなかったのですが、噂は「ヴィーナスの涙の奇跡」として広まり、巡礼者が農家に集まるようになったということです。一七四〇年に牧草地の小さな礼拝堂に移しましたが、巡礼者は増える一方だったのです。そこでシュタインガーデン修道院が先頭に立ち、一般からの浄財を募るなどして建設資金を捻出し、一七四六年から建造され、完成したのは一七五七年でした。外観は牧場の中に建つ非常に質素な教会ですが、ロココ様式の内部装飾はヨーロッパ随一といわれており、欧州ではロマンチック街道とアルペン街道の観光スポットとなっているところです。一九八三年、ユネスコの世界遺産に登録されています。

バイエルン（ハバリア）王であるルードヴィッヒⅡ世が建てた「新しい白鳥岩山の城」を見に

行く前にこの修道院に立ち寄りました。たまたま足をちょっと痛くしていて前日のホテルにいたときから城の登山見学が困難かなと思っていた矢先のことでした。途中何もない林の中からいきなり「霊力」が観光バスの中へ飛び込んできたのです。そう、それは九十九折になって教会へ向かっている際に途中に少しだけその建物が見えたときでした。直感でこれは「すごい！　これで足は元に戻る」と思いました。ちょうどそのときは「ミサ」の最中でしたが、中に入ることが可能ということで、とてもきれいな教会の中へと入りました。このヒーリングパワーというか奇跡の本体は有名な「キリストの木像」ではなく祭壇のどこかにある石とわかり、すぐさまそのパワーをいただき治癒に専念いたしました。約五分ほどで足が元に戻り、そして普通に歩けるようになってしまったのです。信じるものは救われるという実際の話を、ベタですが実践させていただきました。良かったですね。特にヨーロッパ以外の人にはあまり知られてなくて、そんなに多くの観光者はいなかった（ノイシュバンシュタインの百分の一以下？）ので、十二分にパワーをいただくことができました。

②「フランス　ミディ・ピレネー地方　ルルドの泉教会」

フランスとイベリア半島の国家スペインとの境をなしているのがピレネー山脈です。ちょうどフランス側から見ると南・イベリア半島へ行くのをさえぎるような巨大な壁みたいに見えるのです。そのピレネーの西側地域のふもとミディ・ピレネー地方オート・ピレネー県にルルドという人口一万五千人の町があります。ここは聖母マリアの出現と「ルルドの泉（奇跡の水）」で知られていて、カトリック教会も公認している巡礼地となっています。

一八五八年二月十一日、村の一四歳の少女ベルナデッタがマッサビエル洞窟のそばで薪拾いをしているときに聖母マリアが出現したといわれています。聖母マリアは自分自身を「無原罪のお宿り」といい、聖堂を建てるように言われたことが最初です。なおこのベルナデッタは家が貧しくて学校に通えず読み書きも満足にできないほどでこの意味がわからなかったのですが、この言葉により町の神父や周囲の人々も信じたのでした。以後、この聖母は一八回も出現し、ヨーロッパ中に話が広まったのです。

ルルドの泉については、聖母が最初ベルナデッタに「泉に行って水を飲んで顔を洗いなさい」と言い、近くに泉らしきものがなかったので川へ行こうとしたら、次に「洞窟の岩の下のほうへ行くように指図した」ところ泥水が少し湧いてきており、次第にそれは清水になって飲めるようになったということが始まりです。ここでの「奇跡的治癒」については数多くあります。

なおカトリック教会の調査によっても公式に認められた「科学的・医学的に説明できない治癒」の記録さえ数例あります。今まで約二五〇〇件が「説明不可能な治癒」とされ、医療局にカルテが保存されているにもかかわらず、奇跡と公式に認定された症例は六七件です。これは奇跡的な治癒だが、公式な「奇跡」とは認定されないケースがあるということです。例えば患者に離婚歴があるというだけで認定されないのです。カトリック教会が「奇跡的治癒」を認めることは極めてまれです。しかしながらそのような調査をしても奇跡は起こっているので認めているのです。

ベルナデッタは一八六六年（二十二歳）にヌヴェール愛徳修道院に入ってシスター・マリー・

ベルナールとなり、外界から遮断された静かな一生を送りました。一八七九年肺結核により三十五歳で病没し、一九三三年列聖されました。遺体は腐敗を免れ、修道女の服装のまま眠るようにしてヌヴェール修道院に安置されています。これは特別な防腐処理がなされていないにもかかわらず腐敗が見られないのです。具体的には「目視では明確な腐敗の兆候が見られない」ということになります。奇跡の一つでしょうか。

③「フランス・アルザス（独エルザス）地方　ストラスブール（独シュトラスブルク）市内のライン川左岸の古城」

ストラスブールはフランス・アルザス地域圏の首府であり、バ・ラン県の県庁所在地にもなっています。ライン川の河川港を抱える交通の要所となっているところです。語源はドイツ語の「街道の街」であり、ライン川にフランス最大の港を持ち、商工業が盛んな地域になっています。

ただ、国際河川となっているライン川なのですが、このあたりですと全く広くなく、普通の川にしか見えないところでもあります。日本の関東地方のちょっと大きめの川と変わりない感じです。ドイツ側からバスでわたってすぐのところなので、街の雰囲気もドイツそのものであり、文化的にも言語的にもドイツの影響が色濃く感じられました。しかしながら標識や法律は当然ながらフランスなので若干の違和感が残りました。やはり地形区分ということでいうと、ここのアルザス地方と隣のロレーヌ地方はほぼドイツ文化圏といって問題がありません。さすがにシャンパーニュー地方は地形や風景ならびに文化もフランス的となっています。ブルゴーニュ地方もどちらかといえばドイツ的雰囲気が残っていて、特に西側のアルプスはそうでした。なにしろもともとは東フランクであり神聖ローマ帝国だったので、同じ領地だったところの現在イタリア北部とか現在南仏のプロバンスも似ているかと思います。

この付近はパワースポットで世界第五位のオークニスブール古城や第一〇位のドイツ・ケルンなどのほか三〇番代のパワースポット数カ所が散在している地域になっています。今回のライン川左岸にある古城については概定したままで確定に至ってなかったというのが本当のところです。そういいつつも、ストラスブールを紹介している観光パンフレットの一部に仏語でちゃんとのっていましたので、次回を楽しみにしています。

④「フランス　ロレーヌ（独ロートリンゲン）地方　ヴォージュ　ドン・レミ村ボワ・シュヌ教会」

ここはフランスの歴史をご存知の方ならば当然のように知っている場所です。かなりの田舎ですが、英仏百年戦争のときフランスを英国から救国したかの有名なジャンヌ・ダルクの出生した村だからです。ただし個人的な感想から申し上げますと、英仏百年戦争（一三三七年〜一四五三年）のとき、このロレーヌ地方のドン・レミ村は西フランクのフランスではなく東フランク、つまり神聖ローマ帝国内のロートリンゲン地方の村だったはずなのです。「救国の少女」といいますが、「国」としてすでに別になっていましたので「どうなのか?」ということが頭から離れません。

具体的にはこのドン・レミ村を含むロレーヌ・ボォージュ地域は宗教戦争（一五一七年〜一六四八年）およびドイツ三十年戦争（一六一八〜一六四八年）ののち、ウェストファリア（独ヴェストファーレン）条約により一部がフランス領土に編入されています。

ただ、ジャンヌ・ダルクは神または神の使わした者であることは間違いありません。ここには本当に大きな意味合いが隠されています。今は発表することができませんが、いずれ発表できる日が来ると思います。今後十年ぐらいのうちに可能だと考えています。

ボワ・シュヌ教会自体は十九世紀に建造され、ジャンヌ・ダルクに献堂されたものとなっています。たぶん石（パワーストーン）自体は聖壇の付近にあると考えています。

⑤「フランス　ブルターニュ地方　サン・ブリュー市内における古城の尖塔」

サン・ブリューはウェールズ（現在の英国ウェールズ地方、ブルトン・ケルト語地域）から四八〇年頃移住し、コミューン（昔の村落共同体であり現在は市）を作ったキリスト教の聖人ブリューに由来しています。ここはブルトン人の国または地域ということになります。

ここには近くまで行ったのですが、結果的に訪れていません。しかしながら市内観光パンフレットに写真が掲載されている古城の尖塔部分がまさにそうなのです。この城をつくるため、あるいは後ほどのバイキング・ノルマン人対策（ちなみに隣りがフランス化したバイキングの子孫が住んでいるノルマンディー地方です）や、ユグノー戦争、フランス革命における王党派と革命派の闘争、第二次世界大戦のノルマンディー上陸作戦のときなどに、わざわざこの「石」が使われたような感じがしてなりません。

⑥「ドイツ・ザクセン州　ゲルリッツ市内のナイセ川沿いの旧教会」

第二次世界大戦後のドイツ（当時は東ドイツ）とポーランドの国境線――オーデル・ナイセ川が国境線とされたことによって急遽分断された地域にあります。中世はこの川をはさんで西と東側に発展してきた街です。現在はドイツ・ザクセン州とポーランドにまたがっており、西側がドイツ領であり、東側がポーランド領になっています。南のチェコのボヘミア地方（旧オーストリア帝国）と東のポーランド・シレシェン地方（旧プロイセン王国～旧ドイツ帝国領～ドイツ領）との中間地帯にあります。この中で西側だけが現在のゲルリッツ市ということになっています。ちょうど旧市街地の壁の中の一角に古い教会があります。霊視ではここに「石」があるということになっていますが、確認は不十分なままです。

⑦「ドイツ　シュレッヒウィッヒ・ホルシュタイン州　リューベック市内の教会跡地の公園」

ヨーロッパ中世において大いに栄えていた都市となります。特にバルト海に面して交易やバルト海沿岸諸国との貿易が盛んになったときの「ハンザ同盟」都市の盟主的立場にあって繁栄を誇った街です。現在も正式名称は「ハンザ都市リューベック」となっています。この基礎となっているのはバイキングの範囲であり、それをドイツ北部の諸都市が効率的に活用したものであると考えられます。このためハンザのコグ船の元はバイキングの竜骨のある帆船ということになっているようです。これはハンザコインでも確認できます。

このハンザ同盟というものは、リューベック、ハンブルク、ブレーメンなどであり、この他バルト海沿岸を北方商業圏として北海スカンディナビア・ベルゲンの木材・にしん・鉄・琥珀、バルト諸国・ロシア・ノブゴロドの木材・毛皮・蜜蝋、イングランド・ロンドンの羊毛、フランドル・ブルッへ・アントルーベンの毛織物などを主としてドイツ南部・アウグスブルクの絹織物・真鍮・塩、フランス・シャンパーニュの大市（大マーケット）、南フランス・リヨンの塩・葡萄などと貿易するとともに地中海商業圏（イタリア諸都市・チェニス・エジプト）やモンゴル商業圏（南ロシア〈ウクライナ〉・中近東・中央アジア・東アジア）とも交流したようです。

さてリューベックの「石」についてですが、ちょうど旧市街の城壁内にある現在は空き地、または公園みたいな所と霊視に出ています。基本的にはキリスト教会のおそらくは跡地であり、そのために使用されていたものと考えられます。なお細部は不明です。

⑧「ドイツ・チューリンゲン州　ノルトハウゼン市内の旧教会」

ここノルトハウゼンは一時的にニーダーザクセン州にも含まれたこともあり、かなりザクセン的な雰囲気が濃厚なところといえます。現在はドイツ・チューリンゲン州にあって遠く有名なブロッケン山が望めるハルツ山地南端に位置する街になっています。

霊視的には旧市街の城壁の中にある古い教会にあるということになります。やはりここも細部は不明になっています。

第三章　『旧約聖書』の神ヤーウェイは『古事記』のイザナミ

「神国日本」――この本を読まれる人は、自然とこの言葉が焼きついていることでしょう。ムー帝国そして縄文日本時代へと何万年と受け継がれてきた日本人としてのDNA、それは偉大なる神からの贈り物でした。このことをしっかりと胸に刻んで、これからのことを考えていきたいと思います。その一番大きなことは、「日本神話の神様」であるイザナミが創造主であり、しも『旧約聖書』の神・創造主（ヤハウエ）とも同一であるということなのです。

しかし、この新説についても検証していかなければならないことはとても多く存在していると思いますが、できる限り一つ一つ現段階に踏んで確認していきたいと思います。

この第三章においては、今までの『古事記』から探し出していくのではなく、どちらかというと『旧約聖書』や『新約聖書』などから根拠を出して検証あるいは調査していくこととなります。当然「創造主」としての条件について考慮するとともに一番大きな問題としての「男性神」と「女性神」との相違点。次に「唯一神」と「八百万の神」との相違点などについて私的見解を含めて考えていきたいと思っています。また、「イザナミ」だけではなく、「アマテラス」や「スサノオ」あるいは「宗教的な意義」やその他の関連事項などについてもできるかぎりにおいて検討していきたいと思っています。

そしてこれまで解き明かされなかった古代からの日本の秘密。それは、これからの地球に起こる激動の時代に光明をもたらす唯一無比の宝でした。このことについても、宝の中に納められているものは、これから日本人がやるべき大きな使命と、その後に築かれる未来への光であると信じているのです。本当に信じることはとても大切だと思います。

今、この本を手にしたあなたは、光明日本丸の一員です。一人ひとりの力をあわせて、本当の神を信じ、自身を信じて、愛と調和と感謝、そして笑いに満ちた真の美しい地球への始まり（ビッグウエーブ?）に乗るのです。

第一節　日本神話の「イザナミ」が『旧約聖書』の「ヤーウェ」

いきなり日本神話『古事記』における女神のイザナミがユダヤ教や『旧約聖書』・『新約聖書』の神様ということを考えていくことより、まず、日本神話の『古事記』や『旧約聖書』・『新約聖書』についてほとんど素人のような若い女性代表としての「ナミ」さんと覚醒したマユミの守護神であるとっても物知りな「ウリエル」（ひょっとしたら大天使ウリエルかな）さんのふたりに登場してもらいます。

ナミ　日本神話の「イザナミ神」が『旧約聖書』の「神ヤーウェ」と同じ?　信じられなーい。日本神話と聖書ってぜんぜん関係ないでしょ！　大胆、無謀、支離滅裂……混迷《こんめい》ン！　光明《こうめい》?

……違うちがう……。

ウリエル　誰でも同じように感じると思うよ。でもね、今まで明かされず秘密裏にされきた出来事や、近年、ぞくぞくと発見されている古代の碑文・ペトログラフなどから、古代文字の解読技術の発達によって、真実のベールが脱がされつつあるんだ。

ナミ　フ〜ン　どんな真実なんだろー。甘酸っぱい果実なら好きなんだけどナー。

ウリエル　陰からの呪縛が解け、真実が表に出てくる時代になったんだよ。それは神の計画であり、世界中の人が、その真実を知って、目覚めたとき、新しい地球の歴史が始まるんだ。サー、今から日本神話と聖書の話を始めるよ。チョット難しくて……眠くなったら……ねむの木の下で眠ってもいいからね。

ナミ　ねむの木なんて、どこにもないよー。ん〜　なんかワクワク・ドキドキしてきたナー。

ウリエル　最初に聖書の概要を紹介するね。それじゃー今から、真実のトビラを開けるよ。

第一項　『旧約聖書』等に書かれた疑問

日本神話が書かれている『古事記』の上・中・下の三巻あるうちの上巻だけは『旧約聖書』より概念的に先に存在したというのが私の持論です。なかなか直感的インスピレーションだけではなく本格的に勉強と調査をしなければならないと思っていたときに良い本と出合うことができました。

それは、佐野雄二氏著の『聖書は日本神話の続きだった』（以下、参考）で、「日本神話があって、その後に『旧約聖書』、『新約聖書』と続く」とし、今まで謎解きの感があった聖書と日本神話を掘り下げて探求し、新たな視点から解釈しています。

今、世界中の勇気ある研究者や多くの人々が、真実の追究に情熱をもって、好奇心と信念を抱いて科学的に取り組んでいるのです。

今まさに、古代文明の謎に迫り、現代までの歴史を明らかにするたくさんの歴史遺産が発見されつつあり、それらの研究成果が次々とパズルのように組み合わされていくことで、地球文明の歴史が一つのストーリーとして展開され始めています。

それは、これらの積み重ねが真実へと近づき、疑問に思いながらもわからないまま勝手な解釈ですまされてきたことも、やっとスッキリして、心の底から喜びあえ、そして感動に満たされる始まりでもあると考えています。みんなで「日ノ本」から光を発信させていきましょう。

この時代の大きな流れは、おそらく神の意向にそったものであり、真実を知り人々の意識が変わり始めることで、「光」による明るい未来がたぶん見えてくるのかもしれません。

(二)「イザナミ＝ヤハウエ」に関する疑問

①女神として真珠・勾玉・玉飾り等の装飾品→金・銀・宝石を好む『旧約聖書』の神（女神か？）

・男性的な考え方からすれば「装飾品」については枝葉末節的になるため「こだわり」の理由など少ないはずです。ところがどういうわけなのか具体的に次から次へと「ヒカリモノ」などを列挙しています。

②女神として衣食住にこだわる→食べ物、着るものへの異常なこだわりを見せる『旧約聖書』の神

・男性的なものの見方からすれば屋外の行動が重要となるため、先ほど同様にあまり「衣食住」にはこだわらないと思います。

③女神として国、神様を次々生んだ→「胎内」「母の胎」という言葉を発する『旧約聖書』の神

・男性と女性の根本的な相違であるところの「子供を産む」こと、それに関連する言葉自体もそれ

ほど気にしないことだと思います。「神様」の世界ではありますが、通常の人間の男性にとっては子供を産むことはできません。もともとが女性の身体、特に頭と生殖器をチェンジさせられていて、「産む」ことより「働か」なければならない「性」という役割になっているのですから当然です。ただし『古事記』では男の神でも「禊や誓約」などにより生んでいます。

④女神の出産の苦しみ、カグツチなど↓「子を産むときの苦しみ」を多用する『旧約聖書』の神

・男性には絶対にあり得ないことですが、疑似体験的なものは若干あるのかもしれません。それは芸術的なものなど独創・創造を必要とする場合です。しかしながらそれはあくまで比喩的表現に限定されますし、なお多用することは少なくなります。

⑤女神ゆえの白髪化↓男性としたら珍しい「白髪になるまでの慈愛」する『旧約聖書』の神

・通常「白髪」という表現は年寄りとなりますが、基本的に男性ホルモンが多いと「禿げ」の可能性がとても高くなり、実際に禿げてくる男性の数が多くなります。反対に女性ホルモンが多い女性のほうは老化しても禿げることは少なく白髪が当たり前となってきます。

⑥女神の慈愛とイザナギの約束違反↓「父の罪」と「母の恵み」を対比する『旧約聖書』の神

・イザナミは「優しくお願い」（母の慈愛または母の恵み?）したことに対してイザナギはその約束を簡単に破って（父の罪）しまうのです。一般的に男女が約束したときに破るのは女性よりも男性が多いみたいです。

⑦黄泉国の王となったら男性的↓物質文明と戦争を推し進める男性的な『旧約聖書』の神

・もし「神の計画」というものがあるとすれば女性的な考えで平等・平和な社会では試練に立ち向

かうことができないため、敢えて男性的なほうが遂行できるのかもしれません。
⑧イザナミへの生贄的な火之迦具土↓生贄の手順など厳密に律する『旧約聖書』の神
・イザナミの死の原因となった「カグツチ」ですが、これがその後イザナギによって殺されてしまいます。いわゆる初子の男子は首を切られて血を流し、火で焼かれるということになります。その後は牛や羊などで代用されるようになったようです。
⑨ヒルコなど全きではないものは嫌う↓「全きもの」を好む『旧約聖書』の神
・神聖な場においては「完全なもの」が求められています。このため、欠けたものとかはふさわしくなく、また当然のように新品でなければならず、中古品や古いものにはあまり関心がないように感じられます。男であれば「道具・ツール」と考えてみれば、また別の感覚が生じ「使い慣れたもの」として良いことなのかもしれません。
⑩女神は「千」の倍数を好まれる↓「千・万・十万など」の数字を多用する『旧約聖書』の神
・創造主は「一」であるのでそれが三桁の数字以上であれば多いと感じられると考えられます。このため「千」あるいは「それ以上」という数字になるのかもしれません。
⑪子供の健全な成長を願う↓人類（信者）の健全な成長を願う『旧約聖書』の神
・人とか物を創造されるためその成果物である成長を願うのは当然でしょう。
⑫女神としての出産を重視↓「閉じた園」「産まず女」が頻出する『旧約聖書』の神
・「出産」＝「創造」ということになるため重視していると考えられます。このため、この「出産」を否定する言葉は基本的に悪い意味ということで多用していると思われます。

⑬女神であり日本の「ハハウエ」↓「ヤハウエ」をみだりに唱えるなとする『旧約聖書』の神
・イザナミは国生みとともに神々を生まれた女神であり、この意味において古代日本の「母上＝ハハウエ」となります。この「ハハウエ」の表記を変えてみると↓「（漢数字の）八・八・ウエ」となり↓読み方を一部変化すると「ヤハウエ」となってしまいます。
　またはストレートに考えて見ますと「母上（ハハウエ）」を「ヤハウエ」と聞き違えたのかもしれません。そういっても、後代の世界において、つまり地球が一体化してしまう時代においては、当然日本語も知られてきます。このため、たぶん「隠し」（秘密）としてみだりに唱えるなと言ったのが真相なのではないでしょうか。
⑭最初の息子カグツチの生贄↓アブラハムの一人息子イサクを生贄する『旧約聖書』の神
・このことは先ほどもありましたように、「初子の男子を生贄として求める」ということになります。聖書では理由もなく生贄を求めています。その理由として「信仰心」を試したというのですが、その元となること・物語などがなければ、このような生贄自体を求めるはずがありません。この意味においても聖書より先に『古事記』の神話があったと思われます。
⑮「見てはならぬ」イザナギへの復讐↓ソドムにおけるロトの妻「振り返るな」の『旧約聖書』の神
・約束を破ったものはいくら夫であろうが情け容赦なく罰します。この「陰」な性格が厳しさを現している特徴のように思えます。のちほどイザナミは「黄泉津大神」ともなっています。

（二）「アマテラス」に関する疑問

①スサノオを恐れて天の石戸に隠れて暗闇→キリスト処刑時に暗闇にする『新約聖書』の神

・アマテラスは本来であれば高天原の最高神であり、いくら弟のスサノオが荒ぶる神としてもパワーが違うと考えられます。たとえ同等としても大勢の神々がいるのだから、逃げる必要性はないと考えてしまうほどなのです。そうすると別の意義があるため、何らかの行動をしていると考えるのが妥当だと思います。つまり私たち人間から見ると太陽が隠れてもまた出てくるということの暗示であり、「再生復活」の象徴としての動きであると考えられます。このためにはやはりどうしても暗闇が不可欠となります。

②天の石戸から戻った→死後に復活させた『新約聖書』の神

・前記と同様に「再生復活」の物語となります。またもう一つの考え方もあるかと思います。それはアマテラスとスサノオの神々が姉弟というよりも双子の姉弟みたいにして相い争いあって最後に勝利したのがアマテラスであるということもあるのではないでしょうか。深読みかもしれませんが、アマテラスであるところの大天使ミカエルが双子の兄弟であるサタン・ルシファーと戦って最終的に勝利したという物語にも相通じるものがあると思います。

（三）「スサノオ」に関する疑問

①イザナギ独神から生まれたスサノオ→処女マリアから生まれさせた『新約聖書』の神

・イザナギが艱難辛苦の大冒険から無事帰ってきたあとに、「三貴子（神）」が禊によりたった一人の神から生まれました。通常は男女の神から生まれるのでしょうが、何かしらの理由があったために、このような物語になっていると考えられます。たぶんそれは創造主に擬似させ誕生させる必要があったためだと考えることができます。つまりは「創造主」あるいは創造主の奇跡から生まれたことにしなければ正当性がないということだと思います。

②各地を修行して戻ってくる傾向がある→青年期に各地を修行して戻らせる『新約聖書』の神

・スサノオは「海原」→「高天原（天国界）」→「葦原中国（地上界）」→「出雲の国（地上界または現世？）」→「根之堅洲国・黄泉国（霊界または地獄界？）」と各地を経ることにより、大きく成長していく様子がわかります。ここでは「修行または勉強」で人間の人生の意義を明確にしているのではないでしょうか。

③海原および高天原から追放された→現世から追放させた『新約聖書』の神

・ここでは追放される「神」という原型が物語としては語られています。追放された後も「神」であるというストーリー設定は通常考えられにくいのですが、あえて「追放」という行動は神のインパクト度が高くなり、人間に対して効果的なのかもしれません。

④追放のとき山川が震えた→現世から追放したとき山川を震えさせた『新約聖書』の神

・荒ぶる神であるスサノオですから、何かしら動くまたは行動するときには天変地異を含む現象が起こるのは当然のことなのかもしれません。そしてここでもこの衝撃度というかインパクト度が求められていたのかもしれません。

⑤荒ぶる神つまり現世における神だった→現世における神の役割をさせた『新約聖書』の神

・スサノオは各地をまわって地上界である現世へと来ています。この場合は出雲という国になっていますが、間違いなく人間も住んでいる場所であり現世に間違いありません。そしてこの出雲の国において神であり天王ということになるのです。このような発想の神話自体は他にもあるとは思いますが、その後現世から去るのは重要だと思います。

（四）「宗教的儀式」に関する疑問

①日本神話の神は時々「雲」の形→イスラエル人を導くときは「雲」の形をとる『旧約聖書』の神

・『古事記』における神々はほとんど人間のような姿かたちで考え方や行動もよく似ていると思います。数える場合は大きな柱つまりエジプトのオペリスクのような考え方があるので、「柱」（天の御柱）という言葉を単位としています。それと同時に行動しているときや人間に指し示す場合においては「雲」の形をとることがあります。あるいは、この「雲」に乗って移動などをする場合があるようです。「雲」自体を神の行動とする神話などはなかなか少ないようです。日本においては雲自体の神「豊雲野神」も存在しますし、わりあいポピュラーに出てきます。またモーセの神などもほとんど「雲」として行動をともにしています。

（五）「その他全般」に関する疑問

①「神々は高千穂の峰（山）に降臨した」→モーセは神が降臨したシナイ山で会う

・『古事記』の神々は神聖なる「山」に降臨します。旧約も山で会っています。

②「ヒルコ」は葦船に乗せて流された↓モーセは葦船に乗せて流された
・子供を葦で造った船に乗せて流すという発想自体があまり多くないでしょう。
③神世七代で国作りをし、神・人を生む↓神は七日間で天地を作り、人を作る
・「七（完成された）」という数字にこだわって物事を完成しているように思います。
④神は複数、八百万の神々↓神は一人…「神々」（旧約）とか「我々」（コーラン）と表現
・『古事記』の神々というのは複数でありその数は数え切れないほどの「八百万《やおろず》」となっています。反対にユダヤ教・キリスト教・イスラム教においては、一神教なので当然一人神（唯一神）となります。ところが『旧約聖書』とか『コーラン』などには、「神の子たち」「ネピリウム」「神々」「アッラー」、一人称単数は最初の一回のみで後は常に三人称複数形
⑤「和魂《ニギタマ》」と「荒魂《アラタマ》」↓旧約「嫉妬心、妬み、執念深い」と新約「無限の愛」
・和魂とは存在しているだけで理解しえる、または優しく諭す言葉で理解できるという慈愛に似たものと考えられます。それに対して荒魂とは強制力というような形での統制により理解できる、あるいは無理矢理そのようにさせられるということになると考えられるのです。つまり大きく二つの考え方によって神の思いを伝えているものではないかと思っています。
⑥正月の「お餅」は神が大好物↓ユダヤでは正月の七日間「種入れぬパン」で過ごす
・古代日本においては正月などは神様へお餅をささげたり供えたりします。あわせて私たち日本人はその七日間お餅を食べるのを常としています。餅の原料は穀物である「米・稲」からできています。その種類は通常ご飯としては「粳米《うるちまい》」であり、餅用としては「糯米（もちごめ・まい）」と

なっているのです。いったんお餅にしてしまいますと非常用・携帯用で長期保存が可能な食べ物となります。小麦などで作られるパンは普通パン種であるイースト菌（酵母）を入れてゆっくりと発酵させることにより出来上がりそれを食べることになります。種入れぬパンはこのイースト菌を入れずに早く出来、固いビスケットに近いものです。当然携行用で保存が利く食べ物となっています。イスラエルでは「マッツア」と呼んでおり、なぜか日本語の「モチ」に近い発音である単語のように感じられます。また蛇足ながら食べられるものとして砂漠をさまよっているときの「マナ」も「マンマやママ（ご飯や食事の意味）」に発音が近い感じがします。

⑦イザナミとイザナギによる天地作り→聖書は地球の天地創造から始まる
・天地とは基本的には日本列島のこととなりますが、全般的に考えますと地球そのものを作っていたことになります。そうしますと聖書における地球の天地創造と重なり合うような感じとなるようです。

⑧X－DNA系統樹の中心はあくまでも旧モンゴロイドであり人類アフリカ起源はあり得ない
・聖書にはアダムそしてその子孫であるノアの子から人類が分かれたとなっています。このことは長男セム・次男ハム・三男ヤペテの順番で出てきたのであり人類のアフリカ起源とは相容れないようなことになっています。つまり、最初にモンゴロイド、次にニグロイド、最後にコーカソイドの順番で整合できると考えられます。

具体的には次の項目でモンゴロイドが起源であると説明可能だと思います。

○アフリカの大地が豊かな自然環境ではない、つまり人類の発展に不十分のため

○アフリカの文明発達がほとんどない、ただしエジプトはほとんどアジア地域と連結
○アフリカには先進的な土器や大規模な集団住居や農耕の遺跡がない
○なぜかモンゴリアンとなりシベリアへ行って大量の旧石器を作っている
○なぜジャワ原人、北京原人とのつながりが遮断されているのか
○なぜ日本列島に世界最古の生活跡と縄文土器などが発見されているのか

この日本神話・『古事記』においてイザナギとイザナミが夫婦神として「古代日本」の国造りと人づくりの役目を担ったのです。ところが、火の神である火乃迦具土《ヒノカグツチ》を産んで陰処・ほとを焼かれて苦しみながらも神々を産み続けますが、ついに四十九柱でイザナミが死んでしまったのです。そして死んで黄泉の国へ行ったしまったのです。ずっと悲しんで泣き続けたイザナギは、初めての子で息子であったカグツチを首を斬って殺してしまったのです。その後「意」を決してイザナミが恋しくて黄泉の国へと行ったのです。ようやくのことで黄泉の国へ入り、そしてイザナミに扉越しに会うことができました。ところが、ちょっとしたことから大喧嘩になってしまった。その大喧嘩の怨念を引き継いで物語を展開したのが『旧約聖書』、『新約聖書』なのだと考えられます（「神の七日間の計画」なども含む）。

妻神イザナミと大喧嘩になったイザナギは、一日千五百人を産むために、アマテラスやスサノオなど、各界を統治する三貴神（子）を一人で産んだ。

一方、怒り狂った妻神イザナミの活動は、その後、『記・紀』にも全く出てきません。イザナミは、「イザナギの国の子供を一日千人殺す」と怒り狂って別れたはずなのに、日本神話上、一切音信不通、消息不明であり、物語としてはあまりにも中途半端なのです。

しかし、物語には続きがありました。イザナミがイザナギへの恨みを晴らすためにとった行動は、『旧約聖書』の神ヤーウェとして現れ、イザナギへの怒り狂った感情と怨念をひきずって、『旧約聖書』の物語をはじめ、ユダヤ信徒を育て上げたのであると考えられます。

一方、『新約聖書』のキリストの父なる神の一人は、おそらく日本名イザナギを中心とした神々であり、イザナギは、イザナミと別れた後、自分の国造りをするために独り身で現実界を任せる三貴神（子）――アマテラス、ツキヨミ、スサノオを産み、神ヤーウェことイザナミの率いるユダヤ教徒と戦ったのかもしれませんし、違うかもしれません。

どちらかというと、戦う必要性などなく物語の大きな方向性と全世界に広めていくことこそがお互いに重要だったのかもしれません。この場合の大きな方向性というものはご存知のように「神の七日間の計画」そのものであり、「神の至福千年王国」をこの地上に実現させるためのものであると考えたほうが合理的なのです。

※本文で登場する日本神話の神様の省略形となります。

イザナギ……伊耶那岐命《イザナギノミコト》

イザナミ……伊邪那美命《イザナミノミコト》

アマテラス……天照大御神《アマテラスオオミカミ》

ツキヨミ……月読命《ツキヨミノミコト》
スサノオ……建速須佐之男命《タケハヤスサノオノミコト》
また、『古事記』では、「神さま」のことを「命」とも表現することが多いので注意してください。

第二項　日本神話の特徴事項と旧約および『新約聖書』

先ほど列挙した項目において具体的な旧約と聖書の記述を基にして、日本神話に登場する神々の物語と、『旧約聖書』や『新約聖書』に示された神々の行動や性格などの類似点を見出すことができると思います。その中から抜粋させていただき、いくつか類似点を挙げてみます。

(一)　絶対的な強制力

まず一番最初にあげるのが、『旧約聖書』の神ヤハウエが『古事記』における女神ハハウエのイザナミである論拠として一番重要と考えられるのが次のことになります。

『古事記』の黄泉の国におけるイザナギとイザナミの大喧嘩は、イザナミからすれば「絶対に見ないで！」と頼んでいた自分の姿を、イザナギが約束を破って見てしまったことが原因であったのです。いわゆる「父の罪」の一つなのかもしれません。

そして、願いを無視されたイザナミは、「よくも私に恥をかかせてくれましたね」と怒り狂い、大喧嘩の末、恨みを抱いて離縁となってしまったのです。

それでは次にこのことが関連している箇所を『聖書』から読んでいきたいと思います。

この「見ないで！」と頼んでいたのに無視されたことへの怒りは、イザナミが『旧約聖書』の神ヤハウエとなって現れたときにも変わらなかったのです。それが「創世記」初期の段階における物語である「ロトの妻の塩柱化」なのです。

アブラハムの甥ロトは、アブラハムと別れて、肥沃なヨルダン平原を選んで移住しました。ところが、彼の住んだソドムや近くのゴモラの町は罪悪に満ちていたのです。

「ソドムとゴモラの町の罪はひどく重い」との叫びにより、神ヤハウエはソドムの町を滅ぼすことにしたのです。

幸いにしてロトの一家は救出されるのですが、ロトの妻だけは別だったのです。つまりロトの妻は「うしろを振り返って見てはならない！」との神ヤハウエの教えに反し、後に残した財産を惜しんで、ソドムの町を振り返って見てしまったのです。

結果、ロトの妻は神ヤハウエの怒りを買い、塩の柱にされてしまった。

このロトの妻の塩柱化には「なぜ、たった一度、うしろを振り返っただけで……」と、神ヤハウエの残忍さと非情さに、驚きと不信感を持った方も多いだろうと思います。この部分は『旧約聖書』の中でも極めて早い段階で出てきており、なぜ突然、塩の柱にされるほどの厳しい処罰を受けるのか、誰も説明するすべを持たないというほど唐突であり、必然性がありません。

けれども「新・旧の聖書」は『古事記』などの日本神話の続き・続編であり、『旧約聖書』の神ヤハウエはそもそもが日本神話における女神・ハハウエのイザナミだと知れば、その疑問も容易に解決するでしょう。

なぜなら妻イザナミが夫イザナギと大喧嘩をするに至った原因は、イザナミが「絶対に見ないで！」と懇請していたことを無視した、夫イザナギの行為（父の罪）に対する怒りから始まっていたからなのです。

つまり、神ヤハウエがイザナミだと知れば「絶対に見ないで！」と頼んだことは犯してはならない絶対のタブーで、これを破れば夫であっても殺意を抱くほどなのです。

『旧約聖書』におけるロトの妻は、残念ながら、この絶対のタブーを知らずにうしろを振り返って見てしまったために、神ヤハウエこと日本の女神・ハハウエであるところのイザナミに「塩の柱」とされてしまったのです。

（二）系図の比較

日本神話の系図と『旧約聖書』の系図を並べてみると、よく似ていることがわかります。若干『古事記』における神々の別名及び物語の背景順序などにより混乱するような箇所もありますが、よくよく神様の特性を追っていったら理解することが可能となります（１６３ページ参照）。

ここの系図の中における「妹である木花之佐久夜毘売《コノハナサクヤヒメ》」と「姉である石長比売《イワナガヒメ》＝別名が木花知流《コノハナチル》比売《ヒメ》」の姉妹の関係が割合と重要に感じられるところでしょう。この箇所において『古事記』などにほとんど無視されているのですが、「ユダ」側の母親を無視するということになるので、どうしても深く追求しなければ隠されてしまうところだと思っています。この場合に姉妹の父親が「大山《オオヤマ》津美神《ツミノカミ》」であり、性格などを考慮して導き出しています。

(三)　神への儀式（生贄など）

ここで本来であれば次に『旧約聖書』のトップバッターとしてのアダムとイブが出てくるのですが、このことについては後ほど「追放」の段階で明らかにしたいと思います。

それでは宗教的な儀式に不可欠となる「生贄」の箇所について考えたいと思います。ここで出てくる主要人物といえば、何といっても、まず第一にアブラハムとなります。神ヤハウエは、アブラハムが七五歳のときに彼に次のように言ったのです。

「あなたは国を出て、親族に別れ、父の家を離れ、わたしが示す地に行きなさい。わたしはあなたを大いなる国民とし、あなたを祝福し、あなたの名を大きくしよう」(創世記一二－一)

そしてどういうことなのかそのアブラハムに対して神ヤハウエは、ようやくできたばかりの初子であり一人息子イサクを生贄に捧げよと命じているのです。普通なら反抗あるいは直訴したり、最後にはわめき狂うところなのですが、神ヤハウエの教えに忠実なアブラハムは、これを受け入れ、息子にたきぎを負わせて山に登るのです。山頂でアブラハムは祭壇を築き、イサクを縛り、わが子の体を壇上のたきぎの上に横たえた。そうしてわが子イサクの喉にナイフを振り下ろそうとしたとき、天から声が届いたのでした。

「その子に手を下すな。何もしてはならない。あなたが神を畏れる者であることが今、分かったからだ。……お前を祝福し、お前の子孫を増やすことを誓おう。」(創世記二二－一二)

この場面についての一般的な解釈は、神から選ばれたアブラハム自身の信仰心をテストしたものとしてよく知られています。だけども本当に神とは人間の大切な一人息子を生贄に取ろうとするほど、残忍で底意地の悪い性格なのでしょうか？

『旧約聖書』の神ヤハウエは、なぜこのように残忍で非情なテストをアブラハムに課したのでしょうか？　他に信仰心をテストする方法はなかったのでしょうか。

この疑問に対して、これまでの聖書研究者は、ただ「信仰心のテストだ」と答えるだけで、なぜこのテスト方法でなければならないのか、という質問には答えられないでいます。

だが、ヤハウエ＝イザナミと考えるのであれば、答えは明瞭になります。

日本神話でイザナミは、イザナギとの国造りの最中、カグツチ（火之迦具土《ひのかぐつち》）を産んでホト・陰処にやけどをしたことが原因で死んだことになっています。そして、そのイザナミの死に直面してイザナギは即座に、妻の死の原因だとして、生まれたばかりの――初めての子、二人の長男であるはずの――カグツチの首を切ってしまったのです。その後は焼かれてしまいます。

イザナギ・イザナミ両神が力をあわせた国生みで、それまでに生んだのは淡路島、隠岐島、本州などの島々や山、川、海などに関わる神々であったのです。そんな中、このカグツチ（火之迦具土神）こそが、本来、豊葦原中国・人間界を任せるべき長男たる存在であったはずなのです。その、せっかく生まれた「人間界の長男」を、妻イザナミの死の原因だとして、夫イザナギは即座に首を切ってしまったわけなのです。つまりイザナミの記憶には、自分のために愛しいわが長男、カグツチの命を絶つほどの忠誠を示した夫イザナギの姿がそこにあると考えられます。そのイザナギに劣らぬほどの忠誠を示すことを、神ヤハウエとなって現れたイザナミは、アブラハムに求めたのだといえるでしょう。

『旧約聖書』の神ヤハウエが『古事記』の女神・ハハウエである日本名イザナミであった時代の、こうした記憶がなければ、わざわざ「一人息子を生贄にせよ」とアブラハムに命じることはないはずです。

(四)　絶対神のこだわり

『旧約聖書』における神ヤハウエへのお供え物には、もう一つ条件があり、「雄牛の全きもの」や「雄山羊の全きもの」など「全きもの」、つまり「お供え物が完全な形をしていること」にこだわっている点です。

「すべて傷があり、欠けた所のある牛または羊はあなたの神、主に捧げてはならない。そのようなものはあなたの神、主の忌み嫌われるものだからである」(申命記一七－一)

「もしその燔祭の供え物が群れの羊または、やぎであるならば、雄の全きものを捧げなければならない」(レビ記一－一〇)

「もし彼の供え物が酬恩祭の犠牲であって、牛をささげるのであれば、雌雄いずれであっても、全きものを主の前にささげなければならない」(レビ記三－一)

このように神ヤハウエは、捧げもの・供え物が完全な形をしていることに対して特にこだわっているのです。この点も『聖書』だけを読んでいては全く理解不能なことの一つであると思います。

しかし新・旧の『聖書』は、日本神話の続編であると知れば、答えは簡単です。

イザナミはイザナギとの国造り際して、最初に産んだ子は、ヒルコだったのです。この子は、不具者であったため三歳になっても脚が立たず、そうして結果的に葦舟に乗せて川に流してしまったという経緯がありました。

その原因はオノゴロ島の八尋殿において結婚の儀式の間違いにあったとされています。具体的には「女神であるところのイザナミが先に誘いの言葉をかけたから」とありますが、いずれにしろ最初の子であるヒルコ・水蛭子は「五体満足な、全きもの」ではなかったからであると考えられるのではないでしょうか。

『旧約聖書』の神ヤハウエが生贄として「全きもの」にこだわるのは、イザナギとの子作りの結末・失敗部分を思い出し、ヒルコのようでないことを望んでいたからだと考えられます。

(五) 数字へのこだわり

「数字」についての大きなこだわりをイザナミは有していると思います。とにかく意味・意義を数字に置き換えて、ことさらに強調しようとしているのがわかるかと思います。

そこで特に思い出されてくるのが次の場面です。黄泉の国との境での言い合うところになります。ここでイザナミはイザナギとの大喧嘩で別れる際、「今後、あなたの国の人々を一日千人殺す!」と叫び、一方、イザナギは「ならば私は一日に千五百人の産屋を立てよう」と応えたのです。ちなみにここでイザナギは産むとはいっていません。

新・旧の『聖書』は日本神話の続編として、イザナギ・イザナミ両神の対立・抗争を引き継いでいると考えられますから、両神が別れた際に示した数字が、新・旧の『聖書』に頻繁に出てくることになるということです。つまり、ヤハウエことイザナミが取り仕切る『旧約聖書』においては、「千」という数字と、桁の異なる約数・倍数の十、百、万という数字が頻出するのです。

例えば、『旧約聖書』における英雄としてダビデがいます。このダビデはイスラエル初代王のサウルが倒れたあと、イスラエル・ユダ統一国家を建設することになります。そして首都をエルサレムに定めましたが、その卓越した戦闘能力と統治能力から、イスラエルの王の理想像となり、メシヤはダビデの子から生まれる、との信仰が生まれたほどだったのです。

そのダビデには「……サウルは千を撃ち殺し、ダビデは万を撃ち殺した」という歌があります。

これは、ダビデがまだサウル王の臣下だったときの歌で、このダビデ賞讃の日を境に、サウル王はダビデに嫉妬して、ダビデの命をつけ狙うようになったというわけなのです。

それはともかく、このダビデ賞讃の歌で使われた数字がいずれも、イザナミが「一日に殺す」とした千人か、あるいはその十倍の万という数字です。ちなみにこの言葉は、ダビデの勇猛さを象徴する言葉として、その後も何度か出てくるのです。

また、次のような一節もあります。

『旧約聖書』の「創世記」の中で、アブラハムの子イサクの嫁となることが決まったリベカを祝福して、母と兄とがリベカを激励して次のように言ったとあります。

「リベカを祝福して言った。『わたしたちの妹よあなたは幾千万の民の母となるように。
あなたの子孫が敵の門を勝ち取るように。
この言葉は『旧約聖書』の中でも最初のほうに出てきます。
ここでとても重要なことは、それ以前においてアブラハムや他の登場人物が「敵」と争ったり、ほかの誰かから攻撃を受けたなどということは一切ないのに、きわめて唐突に「……あなたの子孫が敵の門を勝ち取るように」と対立的・闘争的な言葉が、イサクの花嫁となるリベカを励ます言葉として一方的に飛び出しているのです。

この花嫁リベカを激励する、突然の言葉の意味を説明できる人は、まずいないだろうと思います。そういってよいほどに、この言葉は、『旧約聖書』の中でも唐突なのです。

さて、右の対立的な言葉も、『旧約聖書』の神ヤハウエは日本名女神・ハハウエであるイザナミであり、新・旧の『聖書』は日本神話の続編であるとした場合、解釈は当然のように違ってきます。

イザナミはイザナギと大喧嘩となり、「あなたの国の人々を一日千人殺そう」と叫んで別れ、怨みと憎悪、敵対心を持って「『旧約聖書』」の物語を始めた。だから「創世記」の早い時期に千の倍数である「千あるいは万」という数字を使い、「敵の門を打ち取れ」と叫んだのであると考えられるのです。

これは、花嫁リベカの嫁ぐ相手が『旧約聖書』の信仰の父アブラハムの直系の一人息子イサクであるから、むしろ当然です。こう解釈して初めてリベカを激励する突然の対立的な言葉の意味が理解されるのです。

その他に『旧約聖書』で千の数字やその桁違い倍数や約数の出てくる箇所を見てみると、

「あなたは……やみに歩きまわる疫病をも、真昼に荒す滅びをも恐れることはない。たとい千人はあなたのかたわらに倒れ、万人はあなたの右に倒れても、その災はあなたに近づくことはない」（詩篇九一－五）

「彼らはその家畜を奪い取ったが、ラクダ五万、羊二十五万、ロバ二千あり、また人は十万人あった」（歴代志上五－二一）

「……ソロモンは一千の燔祭をその祭壇にささげた」（列王紀上三－四）

「しかしアマジヤは勇気を出し、その民を率いて塩の谷へ行き、セイルびと一万人を撃ち殺した。またユダヤの人々はこのほかに一万人をいけどり、岩の頂に引いて行って岩の頂から彼らを投げ落したので、皆こなごなに砕けた」（歴代志下二五－一一）

「そしてダビデが全会衆に向かって、『あなたがたの神、主を褒めたたえよ』と言ったので、……その翌日彼らは全イスラエルのために主に犠牲をささげた。すなわち燔祭として雄牛一千、雄羊一千、小羊一千をその燔祭と共に主にささげ、おびただしい犠牲をささげた」（歴代志上二九－二〇～二一）

などなど一千を基準とした数字の出現はまだまだあります。こうした百や千、万など、一千を基準にした数字の頻出は、イザナミが「イザナギの国の人々を一日千人殺す」と宣言したことの象徴であると考えて問題がないと思います。

そうしてこれら『旧約聖書』と日本神話・『古事記』の数字の一致が「偶然でない」あるいは「予想される」こととするならば、イサクの花嫁リベカに向けられた唐突で、対立的な激励の言葉と数字の意味も、すぐに理解できることになるはずです。

(六) 強制力の強さ

続いて『旧約聖書』を読んでいると、黄泉の国(地獄か?)へ行った女神・ハハウエのイザナミと同じように「神ヤハウエは何と残虐な神なのだろう」と驚くことがしばしば感じられる箇所が出てきます。

その例をあげると、

「モーゼの後継者であるヨシュアは、アイの町の人々一万二千人をことごとく殺した」(ヨシュア記八-二五)

「ダビデの時、軍の長ヨアブは、六ヶ月エドムにとどまって、エドムの男子をことごとく殺した」(列王紀上一一-一五)

「自分たちを憎む者七万五千人を、殺した」(エステル記九-一六)

これらは、もちろんモーセに率いられたイスラエル人が、エジプトの地から脱出するときにも、エジプトの長子はすべて殺されたということも含んでいるのです。

こうした大量殺戮や残虐性は、どういうわけか『新約聖書』には一切見られないのであり、どちらかというと『旧約聖書』独自の驚くべき傾向であると考えられます。こうしたことも、さらに『旧約聖書』の神ヤハウエは『古事記』女神・ハハウエであるイザナミのことだと知れば、納得がいくことが多いと思います。

つまりイザナミは「イザナギの国の人間を一日千人殺す！」と半狂乱の怨念をもって別れたと思われます。だからこそ『旧約聖書』の神ヤハウエとなって現れた後も、イザナギの国の人々を大量に殺すという勢いで殺人を犯すと推測されるのです。

（七）　神の現れかた

つづいて人間に対する出現方法となります。『旧約聖書』の神ヤハウエも新約のキリストの父なる神も、なぜ雲の形をとって現れるのでしょうか？　新・旧の『聖書』における神の実体が雲だとするなら、宇宙を創り、地球や太陽を創ったのは、考えてみると「雲」だとでも言うのでしょうか？　それとも違う人間の目では見えにくい「もの」なのでしょうか

このような素朴な疑問に対しても、新・旧の『聖書』は『古事記』の続編であると知れば、説明は容易であると考えます。なぜなら『新約聖書』の神も『旧約聖書』の神も、日本神話においてはイザナギ・イザナミとして、「豊雲野神」の一員であるのですから。

豊雲野神の「野」とは、古代では国土という意味も持ち、全体として「豊かな雲と国土の神」という意味です。日本神話の『古事記』において七番目に出現した存在なのです。その直前には、国常立之神が生まれており、この神を母体として豊雲野神は生まれたのです。

豊雲野神は、それまでに生まれた神々と同じく「独り神」とされますが、その意味は、まだ男女に分かれていない、いわば雌雄一体型の神で、この神がいずれイザナギとイザナミの神に分かれることになります。

この説明で、神ヤハウエもキリストの父なる神も、なぜ雲の形をとって現れるのか理解できたと思います。つまり、イザナギとイザナミはともに豊雲野神の一員であるから、『聖書』においても雲の形で姿を現わすのは「豊かな雲の神」として当然であると考えます。

もちろん雲といっても、雲は雨となって地に降り注ぎ、川をつくって海に至りますから、海や川、水は豊雲野神の変形だといえるでしょう。

(八) 国生みと天地創造

『旧約聖書』のはじめにおいて、「天地創造」の様子が示されています。それは、次のような記述から始まるのです。

「はじめに、神は天と地とを創造された。地は形なく、むなしく、やみが淵のおもてにあり、神の霊が水の面を覆っていた。

神は『光あれ』と言われた。すると光があった。……神は光を昼と名づけ、やみを夜と名づけられた。夕となり、また朝となった。第一日である。

神はまた言われた、「水の間におおぞらがあって、水と水とを分けよ」。そのようになった。……第二日である。

神はまた言われた、『天の下の水は一つ所に集まり、かわいた地が現れよ』。……神はまた言われた、『地は青草と、種をもつ草と、種類にしたがって種のある実を結ぶ果樹とを地の上にはえさせよ』。そのようになった。……第三日である。」（創世記一－一～一三）

この文を読んでいくと、聖書の「天地創造」とは、明らかに地球の天地のことであり、宇宙の天と地ではないことが推測されます。なぜなら、この部分にある「水」にしろ「昼と夜」、あるいは「大空」にしろ、どれも地球上のことであって、宇宙空間にはほとんど存在しないからです。つまり、『旧約聖書』は「地球の天地創造」から始まっているのに、なぜ宇宙の創造からではなく、地球の創造から物語を始めたのでしょうか？

その答えは、宇宙の始まりのときには『旧約聖書』の神ヤハウエが属する豊雲野神はまだ、種にもなっていなかったという物語の設定と考えられます。「物質」としての太陽系、そして次に具体的な地球の天地を創り、豊雲野神は種となった。そして建前上、その頃神ヤハウエはその一部であるということになります。

いわば『旧約聖書』における「天地創造」の部分は、神ヤーウェが日本神話の豊雲野神として、自らが「種」であった頃の記憶を語っているのです。それ以前の宇宙の創造部分は、建前上「種」にもなっていなかったから必要がなかったのです。

（九）　独神からの誕生

それではこれから主として『旧約聖書』に関連して話を進めていきたいと思います。イザナギは、人間の処女マリアの肉体を使って、独り神のままキリストを産んだということになります。それは日本神話における独神であるイザナギから禊によってアマテラス、ツキヨミ、スサノオの三貴神（子）を産み分けるところを、キリストにアマテラスとスサノオの両方の役割を負わせたとしているということになります。

それでは『新約聖書』および「『古事記』や『日本書紀』」などの中から、いくつかの根拠および例を挙げて検証していきたいと思います。

日本神話では、三界を統治するアマテラス、ツキヨミ、スサノオの三貴神（子）を、イザナギが目と鼻を洗うことによって独り神として禊により産んでいます。

一方、『新約聖書』におけるイエス・キリストについても聖母マリアを母体として、独り（独神）である「父なる神・イザナギ」から産まれたというかたちになっています。

キリストの「父なる神」は日本名イザナギ――または状況によりイザナミとの混成として――であることはすでに述べてきました。そうであるなら、日本神話でイザナギ一神から生まれたアマテラスやスサノオの役割を、キリストが担ったとして、何の不思議もないのです。

（十）　人生修行

『古事記』におけるスサノオの行動は、あちこちと渡り歩いて（修行して）戻ってくるという行動傾向を示しているのです。複数の方々によっても、このスサノオの放浪性は指摘されているところです。

そして『新約聖書』のキリストも青年期に渡り歩いて戻ってきたことになっています。キリストの生涯を追うと、青年期の記述がすっぽりと抜け落ちており、その期間、修行をしていたと考えるほうが合理的だと思われます。

ここで偽書扱いの類かもしれませんが、日本の古代文書の一つ『竹内文書』によると、キリストは日本に来て修行をしていった記録があります。いずれにしろキリストは、「あちこちと渡り歩いて修行をして戻ってくる」という行動傾向を示しています。このことは、キリストが日本神話『古事記』のスサノオであることの有力な証拠になると考えています。

（十一）　現界からの追放

次に『古事記』におけるスサノオについてはイザナギから「海原を治らせ」と命じられたとあります。この意味は、「海原に囲まれた地を統治せよ」です。スサノオはイザナギの意に従わず、そうして高天原のアマテラスとの一件により大騒動を起こし、八百万の神々から「爪はぎ」などの極刑を受けて、髭と髪を切られ、「千座の置戸」（罰金刑か？）というものを背負わされて、高天原から葦原中国へと追放されたのです。

一方、キリストも、『旧約聖書』の神の教えに背いた罪として、いばらの冠をかぶらされ、十字架を背負わされてはりつけという極刑を受け、現実界から追放されたのでした。

これらの原因についてはさておき、それぞれが「罪を着せられ、重きものを背負わされて現実界から追放となった」という同様な共通点があり、まるで『新約聖書』のキリストは日本神話・『古事記』のスサノオのような運命をたどることになっているのです。

（十二）　追放時の天変地異

日本神話において、スサノオが「海原」から追放され、アマテラスにいとまごいするために高天原にのぼったとき、「山川はことごとく動き、国土はみな震えた」という奇怪な自然現象、つまり「天変地異」みたいなものが起こっています。

一方、キリストが昇天した（天国にのぼった）ときも、スサノオが高天原にのぼったときと同じような自然現象が起こっているのです。これは明らかにキリスト＝スサノオ説を裏付けるものであると考えられます。

そのことを「マタイ福音書」では「イエスはもう一度大声で叫んで、ついに息をひきとられた。すると見よ、神殿の幕が上から下まで真二つに裂けた。また地震があり、岩が裂け、また幕が開け、眠っている多くの聖徒たちの死体が生き返った。そしてイエスの復活ののち、墓から出てきて、聖なる都にはいり、多くの人の前に現れた。百卒長、および彼と一緒にイエスの番をしていた人々は、地震や、いろいろのできごとを見て非常に恐れ、『まことに、この人は神の子であった』と言った」（マタイ福音書二七－五〇～五四）

このようにキリストが昇天したとき、「地震があり、岩が裂け、神殿の幕が真二つに裂けた」現象が起きていて、スサノオが高天原にのぼったときも、全く同じような現象が起きています。これはキリスト＝スサノオ説の有力な証拠であるといえます。

（十三）　現生神（アラブルカミ）

ちなみに日本神話のスサノオは、これまでに「荒ぶる神」として「悪さをする粗暴な神、異端児」

として『古事記』などに描かれてきました。ところが一説によれば、スサノオは「荒ぶる神」ではなく、「現生る神」として、本来、人間界・地上界を守護する神であったのです。

このことは『新約聖書』におけるキリストが西洋史の中で果たしてきた役割、つまり地上界を精神的・道徳的に治めてきた「現生る神」として、本来のスサノオの役割にふさわしいものだといえます。なぜかというと、二十世紀まで世界史の中心であった西洋史をひもとけば、百年戦争、三十年戦争など、極めて長期の戦いや植民地獲得の争いなどで、破壊的・残虐な行為が多かったのです。それだけ西洋人は排他性の強い、拡大欲・支配欲の強い民族なのだろうと考えられます。

そしてこれらいくつもの戦いの悲惨さは、もしキリストの教えがなかったら、とうの昔に人類は破滅してしまったのではなかろうと思えるほどなのです。

現代に生き残るキリスト教は、すでにユダヤ教徒に押され気味のためか、戦争遂行勢力や戦争容認勢力となっている宗派が多くなっているようです。このため初期におけるところのキリスト精神がわからなくなっている面が多々あります。それでも長い歴史の中で、キリストの教えが西洋人の心に定着し、倫理観・道徳観となって行動の規範となってきたからこそ、西洋人による戦争や植民地収奪があの程度ですんできた。こう考えれば、キリストこそ、地球を守り育ててきたスサノオにふさわしいと言えるでしょう。

以上がキリスト＝スサノオ説の根拠なのです。

重要なことは、キリストの父なる神は日本神話のイザナギ、または状況によってイザナミとの両神であると考えられます。そして独神であるイザナギから生まれたのは、アマテラス、ツキヨミ、スサノオの三神しかいないのです。キリストがイザナギを父（処女であるマリアを経由して）として生まれた以上、この三貴神（子）のいずれかに該当するのは必然であると考えられます。その中でも『新約聖書』のキリストは、『古事記』などにおけるスサノオとアマテラスの二役を担ってきたというのが、実態なのではないでしょうか。

（十四）天の岩戸とゴルゴダの丘

それでは大きくここからは、『新約聖書』のキリストと『古事記』のアマテラスが同じであるということを検証して行きたいと思います。

日本神話『古事記』において、スサノオが高天原で乱暴したため、恐ろしくてアマテラスが高天原にある天の岩戸に隠れ籠りました。そうすると、天上の高天原や地上の葦原中国もすっかり暗くなってしまったという物語があります。

一方、『新約聖書』においてもキリストがゴルゴタの丘で処刑されたとき、つまり黄泉の世界へ隠れ籠ることになったとき、同じように地上は三時間ほど暗闇に包まれたのです。

このように現実界から退いて身を隠す時の暗闇現象の一致ということは、まさしく『新約聖書』のキリストがスサノオのみならず、アマテラスの役割も担ったことを示しています。

ちなみにアマテラスの役割とは、「天照」の言葉どおり、人々の歩むべき道を明るく照らし、かつ、歴史を通じて人々からある種のまぶしさ・高貴さを伴って仰ぎ見られる存在という意味をもっています。このため当然のようにキリストは次のように語るのです。

「わたしは世の光である。私に従って来る者は、闇のうちを歩くことがなく、命の光をもつであろう」（ヨハネ福音書八－一二）

「すべての人を照らすまことの光があって、世にきた」（ヨハネ福音書一－九）

このようにして『新約聖書』のキリストが西洋史の中で崇高な存在として仰ぎ見られてきたことを考えると、キリストこそ、「地上のアマテラス」にふさわしいといえます。

（十五）　奇跡の復活

日本神話において、アマテラスが岩戸に隠れたため、暗闇となって困った八百万の神々らは、さまざまな知恵を働かせ、岩戸をこじ開けてアマテラスを引き出すことに成功しました。すると天上の高天原や地上の葦原中国も再び明るくなったのです。つまりここでアマテラスは再生、そして復活したということなのです。

一方、キリストも処刑後、（遺体として）岩穴に入った後、復活しました（生き返った）。死後に生き返るなど現代では想像できませんが、当時、キリストが明らかに生き返ったことは、数多くの人々が直接確認しており、疑いようのない事実なのです。

このような「奇跡の復活」を実現させること自体、日本神話を知るものにとっては、アマテラスを想起させます。その後の役割も含めて考えると、キリストこそ人類史でのスサノオであり、地上のアマテラスであったと考えられます。

エピローグ

ここまで、この本を手にして読まれた皆さんも納得できたことだと思います。本当に大事なのは……真実の神は一体「どなた」であったかということなのです。このことは本当に重要なことであると思います。本当の神への「信仰」によってのみ人間の「魂」が試されている・存在を許されているのですから……。「魂」は真実をすべて知っているのですからね。

現在の地球または全世界は「大激動期」に入っています。いわゆる「地球大破局・大破滅」は決定された後なのです。衝撃だった「血の涙を流すマリア像」が一九五〇年代～一九八〇年代に出現していたのに、その後なくなってしまったのです。つまりは、残念ながら神の決定がなされたということなのです。ただそれを警告し続けた方もまた、この決定後に参加するため生まれてきたのは当然のことですが……。

そして登場人物全員がそろったところで、二〇〇一年九月一一日の「無限なるテロとの戦い：秩序の破壊」から始まり「二〇〇八年九月一五日のリーマン・ショック（米国投資会社リーマンブラザースによる破産申告）：経済の破壊」「二〇一一年からの日本における天変地異：日の国の破壊」「二〇一二年からの第三次世界大戦と二〇二〇年からの第四次世界大戦および天変地異並びに疫病等：世界の破壊」と続いていくのです。

神が創造された霊界または宇宙というものの構造はどのようになっているかを「天上物語」においてて書いてみました。基本的には一一次元におられる「大天使ガブリエル」様からおうかがいした「お話（事項）」が中心となっています。プラスアルファ・参考として同じく一一次元におられる「大天使ミカエル」様からもおうかがいいたしました（後日談になりますが、大天使ミカエルは真の神様・宇宙創造神ヤハウエの化身、いやその本人・イザナミ兼アマテラスだったのです）。ちなみに一一次元には数人・柱（二～三人）しかおられないということであり、そこにはサブの神様・宇宙維持神イザナギの化身も時々おられるということでした。

その内容は、神が自分自身を知りたいために、もう一人の自分を創り、「場所」として大宇宙～宇宙球～銀河系（星雲）～太陽系・地球などを作ったのです。

また、その後もう一人（神）を作り、ここから「魂」を無数に分散して各次元に応じた「光または闇」の霊界を次々と作りました。

そして最後にこれら魂の勉強・修行のために「器のひとつ」である人間（肉体）を太陽系地球環境に合わせたのです。それも最小生物単位である「ソマチット」から長い時間をかけて作り上げて、今現在にいたるのです。

「聖書の黙示録」においては、『旧約聖書』の「ダニエル書」と『新約聖書』の「ヨハネの黙示録」の二つを取り上げて、今現在進行中の「地球大破滅」のタイムテーブルを明らかにしています。しかしながら本来の神の計画においては破壊するだけではなく、あくまで「神の至福千年王国」があって完成するものなのです。その王国・帝国自体も約二〇万年前に存在したムー世界帝国の復活なのです。

また、「聖書の暗号」に関しては、『旧約聖書』のトーラー五書の部分が直接神によりダニエルへ降ろされ、多くの暗号を含めた書物となっています。どうしても「知恵のあるもの」によって、この書物を解きほぐしてもらいたいようです。神の要望としては……できればとても関心の深い、かつ愛されているところの「ムー人」の子孫に解いてほしい。……つまりエフライム（ヤコブ・イスラエルの跡継ぎ）であるところの縄文日本人系かスキタイ・ゲルマン人系に暗号を解いてもらいたいと願っておられました。

今現在、神は非常に喜ばれています。日本人はもともと『聖書』とは縁が薄い関係にあります。ところがそれを日本人の稲生雅之さんと松枝さんがとても努力され「聖書の暗号」を簡単かつ正確に解く方法をソフト開発していただきました。そして今では、私たち一般の日本人でも容易（名前と生年月日などを入力するだけ）に現世における使命を確認することができます。もしよければ皆さんも確認してみてください。

「日本の役割と神様」においては、現在残っている『日本書紀』と『古事記』に基づき、その続編であろう『旧約聖書』について比較検討したものです。たしかに「イザナミ」と「イザナギ」以外の神が数多く登場しますが、この国づくりの二神とその後の三貴神を中心にした箇所をがとても大事なのです。つまりその他の神々は後世人間の手による（加筆修正）ものではないかと思います。

本書では明らかにしていませんが、二神と三貴神は一部兼務の関係にあります。また、大きなキーポイントとなる箇所は、「イザナミ」が死んでしまうところから「三貴神」の誕生するところにあります。そうすることによって、「イザナミ」が『旧約聖書』の神として現れることが可能となった、と考えられるからです。またそれは、「イザナミ」が「アマテラスオオミカミ」と兼務していますので、今までどおりに神としてやっていくことに問題はないという側面もある考えています。反対にかえって神の性格がチェンジして楽しいのかもしれません。

この項目の最後に、創造主なる神は、日本神話の「イザナミ」がその神であるとともに、『旧約聖書』の「ヤハウエ」がその神であることを確認してください。そして自分自身だけよければいいとか己の欲望だけに生きるとかはダメです。また数多くいるニセ予言者と宗教家、そして無数にいる五次元の神などを絶対に信じてはいけません。

今回のこの本の作成した意図について若干触れておきたいと思います。実は前回『聖書』関連から書いたものと対をなしていることが、この本の一つの特徴なのです。地球という第三次元界における「クリア」にする、または「大掃除」をするということが大きな神の目標であると思います。具体的なものとしては「神の七日間の計画」に基づいて実行しているのです。その「計画」を具体化しているものの一つが、日本における『古事記』と『日本書紀』の記紀文献であり、そして中近東や欧州方面での『旧約聖書』『新約聖書』『コーラン』になります。あわせて南アジア、つまりインドにおける「ヴェーダの四種類」がそれに該当するということなのです。

今から約一万三千年前に現在の太平洋上にあったムー大陸が火山活動などと連動し海中に沈んでいきました。そのムー人で生き残った人々がムー大陸の一部であった日本列島（神都が所在）へと避難してきたのです。それから約三千年間は「局移動」や寒冷期となったため、なかなか安定した状態にはなかったのです。ちょうどこのときの大地が凍った形となっている「硬盤層（不透水層）」がその痕であることを物語っています。

最初ムー大陸からムー人＝縄文人が東・西・中縄文人へと分かれていき、ちょうど今から一万年以降からだんだんと温暖化し作物が十二分に穫れ、人口が増加へと転換しました。そして東縄文人が一部を東北に残したままユーラシア大陸へと移動し、中央アジア付近に「シカ」の帝国を築き、その後スキタイなどへと変化して、コーカサス系の人種となりました（アマテラスが西側担当、ツキヨミが南側担当）。次に中縄文人はもともとムー大陸で皇帝そして天王・天皇の直系として存在していたため、関西地域からメソポタミアのシュメールへと移動していきました（アマテラス担当）。最後の西縄文人は西日本を基準としてあまり移動していないところもありました。けれども人口爆発に伴い、現在の東アジア、つまり中国大陸のほぼ全域と一部は船を活用して太平洋を渡り、中南米へと向かっていきました（スサノオ担当）。そして次の局面になりますと、世界中に五〇箇所あるパワースポットがこの「日本列島」と「ヨーロッパ、特に仏独」、「インド」に集中していることからも、これらの地域が重要だと理解できるかと思います。

ただし、まことに残念ながら、すべての公表は今時点では天より制限されています。面白いのは一〇次元のパワーストーンというべきものが仏独の二カ国（元来のフランク帝国）に限定して存在しているということでしょう。このことは神イザナミとアマテラスが好きな地域に整合しています。

中近東に残った中縄文人の末裔の一部族、つまり「イスラエル民族」の中から神はアブラハムを選ばれました。しかしながらその実態は南ユダ族のダニエルです。この地域に拠った一神教を開始し「神の教えを聞き、広めること」を目的に『旧約聖書』を伝え、書かせたのです。その後ローマ帝国の段階において神の代理人としてのイエス・キリストを降臨させて、この中近東からヨーロッパ全体を一つとする世界宗教的な一神教へと発展させたのです。実際には『新約聖書』を書いていったのはキリストの弟子たちによってです。またローマ帝国自体も帝国内宗教・ローマ宗教・バチカン的なものとして後ほど認め、布教活動に努めています。

そのあとローマ帝国が分裂し、なおかつドクトリン自体に問題点が発生したため、第三段階として人物を選び世界的に広めていくことになりました。この選ばれた人物こそが皆さんもよくご承知イスラム教を広めたモハメッドになります。ここでも『コーラン』を書いて布教に努めていますが、魂的なものとしては『旧約聖書』のダニエルと同じものです。そして、イスラム教はアフリカや南アジア、東南アジアまで拡大していったのです。

次に、『聖書』にある「アルファでありオメガである」という言葉の真実についてです。二つの意味を有しており、一つ目はよく説明されているところの「最初であり最後である」ということの時間感覚や人間の魂の行く先・神との一体化を表していると考えられます。二つ目は、意味的には「一つであるとともにすべてである」という局所偏在的な状態を表しています。つまりは「一神教」と「八百万神の神道」とは一心同体の考え方だということになります。単に見方だけの問題ということなのです。

そして、「至福千年王国」に至るまでに残された「試練」は、あと三つということになります。

宗教的なものとしては八世紀までにほとんどが出てしまいました。途中、一神教同士の戦いとしての十字軍・クルセイダーが発生しましたが、基本的なものとしてレコンキスタを含み、世界中に一神教が拡大していきました。この宗教的なものが一応完成されたあとに、今度は十八世紀から市民革命・フランス革命などが起こり、ますます地球自体が一つの有機体となって固まってきたような感じとなり、十九世紀になるとほとんど地球が一体化した形（日本の開国）となって世界大戦へと突き進んでいったのです。

このような「流れ」からして、今度は第三次世界大戦において「一神教同士の戦い」、次に第四次世界大戦において「一神教と多神教との戦い」が展開されていくのです。特に第四次世界大戦においては天変地異が世界中に拡大し、あわせて急激な人口削減となる可能性があります。これらの大きな「試練」のあとにおいて戦争の無意味がよくよく理解され、平和的な世界統一へと、こまが進んでいくことになると思っています。当然その中心となるのは「ムー縄文人の末裔」であるところの「仏独（フランク）」と「日本」だと考えられます。

ようやくここにおいて世界が平和的に一つとなり、そして改めて千年の時間がカウントされるのです。つまり千年後まで含んだところが「神の七日間の計画」であり、地球上の実態としては「一万四千年の計画」だったというわけなのです。そして千年の間において地球人が火星や金星と同じようにして霊的進化を遂げ、ここで三次元世界がクリア化し、次に四次元の世界へと進んでいくこととなります。

私たち人間はこの世で使命を果たすまで生かされているのですから、よくよく理解して、行動することこそがもっとも大切なことなのです。

この行動つまり「具体的に行動する」ということは、①本当の神を魂レベルで信仰（信じて）し、②今この「現実」をしっかり認識して現実に即した行動・防災行動等をとり、③「愛と調和と感謝そして笑い」をただ単に実践・ステップアップしていくことなのです。ものすごく簡単なことなのです。だからこそ皆さん一人ひとりが何の問題もなくクリアできることだらけなのです。

私たちは、今現在、三次元の地球上に生かされているのです。私たちが今回特別に希望して人類の歴史のクライマックス地点にいて、「参加型劇場観覧」のドラマに出演しているのです。このことは、今現在地球にいる約七〇億人の人々は、長い地球史の中における大切な時期に登場することがとても楽しいのかもしれません。私の感覚的に言うと「チョイ役」でももらえたら、とてもうれしいです。しかも、この世での最大物語のクライマックスに参加できるのですから……。

そこで、今回は「地球大破滅」の真の意味を考えてみたいと思います。たしかに無限のテロとの戦いや経済破壊、そして日の国における天変地異および全世界での大戦争・天変地異・疫病が吹き荒れ、最終的には人口が十分の一以下になってしまうのです。そして、その試練を乗り超えていくのに必要なのは「神への信仰心」であり「愛・調和・感謝そして笑い」の実践です。

大切なことは確実に計画実行される「神の至福千年王国」がこの世に現われることなのです。その至福千年王国の世界では三次元から四次元・五次元あるいはそれ以上の次元において、人間的な「良い」とか「悪い」とかは存在ができないのではないかと思います。

「三〇秒間（自己責任）、三分（家族責任）、三時間（隣近所責任）、そして三日間（自治会責任）、三週間（自治体責任・復旧作業）、三カ月間（国家責任・復興）……」と歯を食いしばって耐えるだけです。

けれども、真実の神を信じ、本当のことを知っている皆さんは安全な場所へ避難してください。「神の正しさ」と「神の至福千年王国」をぜひともその両目で見て参加してください。それこそが皆さんの使命です。


昔の日本……具体的には江戸時代末期から大きな活躍をした人で「二宮尊徳」（相模国出身、現在の神奈川県小田原市）という学者兼実業家がいました。二〇年以上前までは全国の小学校などに「二宮金治郎」の薪を担いで本を読んで歩く姿の銅像があったことと思います。今ではほとんど見当たらなくなったしまいましたが。

二宮は天明七年（一七八七年）七月二三日から安政三年（一八五六年）十月二十日。農村復興政策をよく指導した農政家・思想家です。農家をしていた利右衛門の長男として生まれました。当時の栢《か》山《やま》村は「小田原」藩でした。五歳の時の関東地方南部を襲った暴風で付近を流れる酒匂川の堤が決壊したため、金治郎の住む一帯が濁流に押し流されてしまったのです。その影響で田畑は砂礫と化し、父利右衛門の田畑も流失してしまったのです。十四歳で父利右衛門が死に、その二年後には母よしも亡くなり、金治郎は伯父二宮万兵衛の家に身を寄せることとなったのです。伯父の家で農業に励むかたわら、荒地を復興させていきました。また銅像で有名なように、仕事しながら学問をすることを続け、わずかに残った田畑を他人に貸し出すなどして収入の増加を図り、そしてとうとう二十歳で生家の再興に成功することができたのです。この頃までに、身体のほうも身長が六尺（約一八〇センチ）を超えていたらしく、また体重は現在での換算では九四キロもあったと言われている巨体のようでした。

生家の再興に成功すると、金治郎は地主経営を行いながら本人は小田原に出て、武家の奉公人としても働いたようです。そして奉公先の小田原藩家老服部家でその才能・能力を買われて服部家の財政立て直しを頼まれ、見事に成功させて藩内で名前が知られるようになったのです。そして今度はその才能を見込まれて、小田原藩大久保家の分家であった宇津家の知行所があった下野国（現栃木県真岡市。旧二宮町周辺、なお同町の町名の由来は二宮尊徳からきている）の経営・マネジメントを任せられ成功したのです。後には真岡代官領や日光山領などにおいてでも同様なように多大な成果を挙げているのです。二宮尊徳の名言集というものがあり、だいたい次のものが有名だと思います。

①「大事を成さんと欲するものは、まず小事を務むべし」②「善悪といっても、天（神・仏など）が定めたものではなく、結局、人間にとって便利かどうかだけの話である」③「貧富の違いとは分度を守るか失うかにある（分度とは、経済面での自分の実力を知り、それに応じて生活の限度を定めること）」④「人道は、一日怠ればすなわち廃れる」等があります。そしてこの二宮尊徳の言葉で一番すきなものが⑤「道徳なき経済人とは犯罪人である——（続きとして）経済なき道徳は寝言である——」というものです。このことの含蓄はとてもすごいものがあると直感できます。「金儲け」だけでまったくの制限なしや、法律があったとしてもほとんど詐欺まがいの行動で「騙し・人を裏切る」と同

じようなことをする者が、いかに昔（江戸時代から明治・大正・昭和そして平成の時代も含む）も今現在でも多くいるのかということが理解できるのではないでしょうか。西洋におけるマックス・ヴェーバー（独国・プロイセン、一八六四年生まれ。『プロテスタンティズムの倫理と資本主義の精神』）やサミュエル・スマイルズ（英国・スコットランド、一八一二年生まれ。『セルフヘルプ・自助論』）に近い感覚を持っているように感じられます。

先ほどの言葉を活用させていただきますと、次のようなことが浮かんで来るのです。まず「道徳なきもの…つまり仁術でなく算術である医者は、人殺しである」。まさにこれは現代西洋医学における「医原病」そのものであるように思います。次に「道徳なき教師は、狂信者であり背徳者である」。これは第二次世界大戦後からの日教組の実態を余すところなく伝えている言葉になります。そしてそのことは「人相」にも如実に現れているのです。このため一般の方々でも容易に確認することが可能となっています。最後に「道徳なき政治家は、売国奴である」。このこともまさしくそのとおりであるということが、みなさんも確認できるのではないでしょうか。

ある「噂」を耳にしました。最初聞いたときには一瞬聞き違いなのかと何度か聞きなおしたものです。ただ私自身はこのことを確認できる方法が少なすぎたために正しいとは断言できませんが、「原発事故」関連になりますので記載したいと思います。

原発事故の後に「もともといた人たちが海外旅行を繰り返している」ということなのです。そしてなにかあると「ソーラン」という民謡みたいな言葉が飛び交っているのです。福島第一原発近くの人たち（福島県浜通りの漁業関連者）の今までの年収というものは、直接原発関連でなければ一家四人で一年に税込み約三〇〇万円くらいが平均だったのです。つまりこの中から税金とか電気代とかの光熱費や生活費を支払っていくということなのです。ところが複数の証言からすると、どういうわけか「原発」付近でいわゆる危険地域に住んでいる人たちがとてつもないお金をもらっているということなのです。具体的な一例として両親が六〇から七〇歳代で子供夫婦が四〇歳代であれば↓両親が一カ月に一人六〇万円の手当てと年金そして生活保護をもらって、かつ当然税金なしで約一〇〇万円。二人で約一カ月で二〇〇万円になるそうです。当然放射能汚染地域と認定されているのが条件なのかもしれませんが、子供夫婦二人にしても当然のように一人六〇万円と生活保護で大体二人で合算すると一二〇万円になります。合計で一カ月に何も働かないで三二〇万円となり、しかも税金などが免除であり一年分の「お金」をもらっている（実質は月に一・二倍であり、年にすると三八四〇万円で約一三倍）という次第なのです。何かが狂っているのではありませんか。

そしてこのようなことを公に発表するとか放射能汚染を効果的に除染するなどを行うと、第二次世界大戦で流行った「赤紙」と同じように「白紙」が来るというのです。この「白紙」というのがソーラン節ならぬ、「国家騒乱罪」という名の罪状なのです。そしてこの紙により現行犯逮捕となり――本来は、一五年以上？――ほかの罪状をプラスして懲役刑二〇年以上刑務所に閉じ込めているということらしいのです（どういう人たちの署名でそのような白紙が出されているかといいますと、〇元総理大臣とか〇川・千〇元法務大臣とか藤〇前官房長官とか枝〇前特命担当大臣などです。ひょっとしたら「白紙」で公安警察に連れて行かれるというのです。まるで独裁国家そのものであり、この現代日本にそんなことが存在していたのです）。たしかに政権交代となった今ではこのような危険性が少なくなったのかもしれませんが、いつまた考え方が変わって復活するかもしれません。

そしてこのような悪事を絶対に公開して、共犯であるマスコミも含めて、よくよく検証していく必要があるのではないでしょうか。たしかに確実な証拠を私自身は持っていません。けれども知っている人は「この紙を見せ付けられた」と言っています。そして片手から両手になるほどに、この「原発特別手当」について話をしてくれました。何が正しく何が正しくないのかをただ単にマスコミや為政者に任せるのではなく、みなさん一人ひとりの判断ができるような社会にしていただくことで、このような「噂」さえなくなるのではないでしょうか。

祖父母、父母なのにこの人たちの孫や子供が出てこないのは、放射能汚染で真っ先に悪影響を受けるのが乳幼児と子供だからです。そう当然のように避難しているのです。福島県のこの地域ではなくもっと遠いところへと行って離ればなれになっているのです。ところがこの孫や子供のために敢えて移動せず「お金」をもらっている人も存在していることは知ってもらいたいのです。次に若夫婦の場合、子供が乳幼児であり、ほとんど手当てももらえず悲惨な生活している、あるいは二〇一一年の暮れで手当て自体がなくなってしまった家族もいると聞きました。何が正しいのか、何が適切な方法なのか、……保身だけの政治家、企業では絶対駄目なのではないでしょうか。「小学校の二宮金治郎像」がいなくなった理由が、なんだかとてもわかったような気がします。

最後に、全般担当は私光明、プロローグとエピローグは光明と平尾さん、第一章と第二章は光明、第三章は古畑さんと澤間さんと小池さんたちの助けを借りて、そしてグループのまとめ役は木練さんにしていただきました。

参考文献一覧

『聖書は日本神話の続きだった』（佐野雄二）ハギジン出版
『古事記』（倉野憲司）岩波書店
『日本書紀』（倉野憲司）岩波書店
『古事記　現代口語訳』（福永武彦）河出書房新社
『日本書紀　現代口語訳』（福永武彦）河出書房新社
『日本の神話』（瓜生中）角川書店
『古事記と日本書紀』（瀧音能之）ＰＨＰ研究所
『日本文化もとをたどれば聖書から』（杣浩二）神戸平和研究所
『コーラン（上）（中）（下）』（井筒俊彦訳）岩波書店
『日本人のルーツはユダヤ人だ』（小谷部全一郎）たま出版
『超図解竹内文書』（高坂和導）徳間書店
『超図解竹内文書Ⅱ』（高坂和導）徳間書店
『神字日文解』（吉田信啓）中央アート出版社
『太古、日本の王は世界を治めた！』（高橋良典）徳間書店
『日本神話の知恵』（出雲井昌）産経新聞社
『超科学書「カタカムナ」の謎』（深野一幸）廣済堂出版
『日月神示ミロクの世の到来』（中矢伸一）徳間書店
『二〇〇二年ヤマト　ムー大陸の大浮上』（広瀬謙次郎）日本文芸社
『甦るヤマト超文明の秘密』（広瀬謙次郎）日本文芸社
『ヒフミ開運術』（萬国耶公望）文芸社
『入門江戸しぐさ』（越川禮子）教育評論社
『聖書』（日本聖書協会）
『新約聖書』（日本国際ギデオン協会）
『国づくり人づくり財団』ＨＰ
『旧約聖書・新約聖書関連』ＨＰ
『コーラン関連』ＨＰ
『古事記・日本書紀関連』ＨＰ
『縄文・古代文明関連』ＨＰ
インターネット「ウェキペディア」
インターネット「マピオン大百科」

●著者略歴

光　明（こうめい）

對州流手相占い観士。六輪光神霊師。幼いころから常識では考えられない現象に遭遇し続けたことから、長い間、その霊感能力を封印してきたが、10代半ばから20歳前後にかけて、触霊制限・霊視・遮断コントロールが可能となる。その頃から独学による手相・人相学の習得のほか、西洋占星術、四柱推命なども習得する。35歳の頃、偶然友人に霊視能力を知られたことをきっかけとして、現在では手相や人相だけでなく、必要に応じて対象者の過去世を霊視している。著書に『転生会議』（小社刊）などがある。

古事記は神からの隠された暗号だった！　**ムー帝国が日本人に伝えた謎を解く**

2013年4月1日　初版発行

著　者　光　明
発行者　唐津　隆
発行所　株式会社ビジネス社
〒162－0805　東京都新宿区矢来町114番地
神楽坂高橋ビル5F
電話　03－5227－1602　FAX 03－5227－1603
URL　http://www.business-sha.co.jp/

〈印刷・製本〉モリモト印刷株式会社
〈装丁〉中村　聡
〈編集〉本田朋子〈営業〉山口健志

ISBN978-4-8284-1703-5